Karl Hans Pollmer

LOBT GOTT, IHR CHRISTEN ALLE GLEICH

Karl Hans Pollmer

LOBT GOTT, IHR CHRISTEN ALLE GLEICH

Geschichte und Geschichten,
Ernstes und Heiteres
rund um die Weihnacht
im Erzgebirge und anderswo

Evangelische Verlagsanstalt
Berlin

Alle Fotos von Christoph Georgi

ISBN 3-374-00562-4

1. Auflage
Lizenz 420. 205-120-88. LSV 6530. H 5982
Gestaltung: Hartwig Hoeftmann
Printed in the German Democratic Republic
Satz und Druck: Druckerei Markneukirchen III-23-3
00680

Weihnachten im Erzgebirge – das fängt an, wenn der Herbst kommt und der Winter, die Tage kürzer und die Nächte länger werden, Sturm und Wetter über die Fluren, durch die Straßen und Gassen peitschen, der erste Frost, der erste Schnee sich einstellen. Noch stehen Erntedankfest und Kirmes an, zumindest in den Dörfern und Kleinstädten festlich begangen. Noch scheint Weihnachten in weiter Ferne zu liegen. Bis der Totensonntag, seit langem schon Ewigkeitssonntag geheißen, unausweichlich an die Vergänglichkeit aller Zeit und alles Irdischen gemahnt. Inmitten des still-wehmütigen Abschiednehmens von dem scheidenden Jahr öffnen sich die Herzen mehr und mehr der Freude auf das immer näher rückende Weihnachtsfest. Mit dem ersten Adventssonntag ist es, als täte sich weit eine Tür zu neuem Hoffen, zu einer neuen Welt auf. Und laut erklingt das Jubellied der Christenheit: „Lobt Gott, ihr Christen alle gleich, in seinem höchsten Thron!" Nikolaus Herman, der Lateinlehrer und Kantor im böhmischen St. Joachimsthal, hat es um das Jahr 1554 geschrieben. Es hat dem vorliegenden Buch den Titel gegeben. Das Buch will damit und mit dem, was es erzählt – Auswahl aus einer Fülle von Erzählenswertem –, zu frohem Preis und Dank für das Wunder der Weihnacht ermuntern und uns anregen, die in Jesus Christus „unter uns erschienene Liebe Gottes" (1 Joh 4,9) zurück- und weiterzugeben. Es erzählt von Herbst und Winter, von Advent und Weihnachten und von der Zeit von Silvester bis Lichtmeß im Erzgebirge – und nicht nur da –, erzählt Ernstes und Heiteres, bringt Prosa und Verse, manches davon auch in Mundart, Geschichte und Geschichten in bunter Folge, wie sich ja auch Weihnachten in wechselvoller Vielfalt präsentiert, und das, eben um diese seine Vielfalt auch im Buchablauf sichtbar zu machen, bewußt weder zeitlich noch sachlich immer aufeinander abgestimmt, das Ganze zum Lobpreis dessen, der „heut schleußt wieder auf die Tür zum schönen Paradeis".

Karl Hans Pollmer

Lobt Gott, ihr Christen alle gleich,
in seinem höchsten Thron,
der heut schleußt auf sein Himmelreich
und schenkt uns seinen Sohn.

Er kommt aus seines Vaters Schoß
und wird ein Kindlein klein,
er liegt dort elend, nackt und bloß
in einem Krippelein.

Er äußert sich all seiner Gwalt,
wird niedrig und gering
und nimmt an sich eins Knechts Gestalt,
der Schöpfer aller Ding.

Er wechselt mit uns wunderlich:
Fleisch und Blut nimmt er an
und gibt uns in seins Vaters Reich
die klare Gottheit dran.

Er wird ein Knecht und ich ein Herr;
das mag ein Wechsel sein!
Wie könnt es doch sein freundlicher,
das herze Jesulein!

Heut schleußt er wieder auf die Tür
zum schönen Paradeis:
Der Cherub steht nicht mehr dafür,
Gott sei Lob, Ehr und Preis!

Nikolaus Herman

Sein Name findet sich Herman und auch Hermann geschrieben. Er lebte zu einer für seine Heimat ebenso glanzvollen wie turbulenten Zeit. Reiche Silbererzfunde lockten von überallher Menschen herbei und schufen widersprüchliche Schicksale. Die einen kamen zu Reichtum und Wohlstand, die andern verblieben trotz allem in Armut und Not. Die Geschichte des Erzgebirges weiß hierüber manch wunderliche Begebenheit zu berichten. Nach Jahr und Tag verlosch der Glanz jener Zeit, wie er vordem plötzlich und unerwartet gekommen.

Nikolaus Herman, dessen wohl um 1554 entstandenes Weihnachtslied „Lobt Gott, ihr Christen alle gleich" diesem Buch den Titel gegeben hat, wurde um 1500, nach anderen Angaben etwa 1480, in Altdorf bei Nürnberg geboren.

Er war nahezu vierzig Jahre lang Lateinlehrer und Kantor in der erst 1516 gegründeten böhmischen Bergwerksstadt St. Joachimsthal, dem heutigen Jáchymov in der ČSSR, war ein Freund des dortigen Pfarrers Mathesius und veröffentlichte, nachdem er 1557 das Amt aufgegeben hatte, 1560 die Liedersammlung „Die Sonntags-Evangelia über das ganze Jahr, in Gesänge verfasset für die Kinder und christlichen Hausväter, durch N.H.". 1562 erschienen „Die Historien von der Sintflut, Joseph, Mose, Elia, Elisa und der Susanna, für christliche Hausväter und ihre Kinder, durch N.H.".

Viele der Hermanschen Lieder sind anspruchslose Umsetzungen biblischer Texte in Versform. Manche lassen uns dem immer bescheiden gebliebenen Mann ins Herz sehen, lassen seine Sorge um das Gedeihen der jungen Bergwerkstadt, die sein Zuhause war, und seine Liebe zu den Kindern, denen er bei kargem Brot bis ins hohe Alter gedient hat, erkennen, wie auch sein Bemühen um die reine Lehre des Evangeliums.

Einige der Lieder Hermans zählen zu den Perlen christlicher Lieddichtung und werden noch heute wie ehedem gesungen, so das Morgenlied „Die helle Sonn leucht' jetzt herfür", der Abendsegen „Hinunter ist der Sonne Schein", das Sterbelied „Wenn mein Stündlein vorhanden ist" und das hier als Buchtitel übernommene „Lobt Gott, ihr Christen alle gleich". Herman hat seine Lieder, Zeichen seiner Bescheidenheit, nur als Kinder- und Hauslieder gedacht; teilweise hat er sie, wie auch das Weihnachtslied, mit eigenen Melodien versehen.

1561 ist Nikolaus Herman gestorben.

„. . . wurde Nikolaus Hermann das Urbild eines evangelischen Kantors und Organisten, ein Liederdichter von Gottes Gnaden, der in seiner kernigen Art etwas von dem Nürnberger Hans Sachs hatte. Ein herzliches Gottvertrauen, eine gläubige Einfalt, eine volkstümliche Kraft ergreifen in seinen Liedern."

Karl Josef Friedrich

Bereitet dem Herrn den Weg; denn siehe, der Herr kommt gewaltig! Jesaja 40, 3.10

Vorweihnachtszeit ist Herbst- und Winterzeit, im Gebirge zuweilen rauh und unwirtlich. Die Felder liegen brach, die Früchte in den Gärten von den Bäumen sind abgeerntet, die Häuser werden winterfest gemacht. In den Feierabendstunden beginnt eine andere, schon auf Weihnachten gerichtete Arbeit: Aus Kisten und Kästen wird hervorgeholt, was in den kommenden Festtagen die Stuben schmücken und zieren soll, eine Fülle von Gegenständen, Bergmann und Engel, Schwibbogen und Pyramide und anderes mehr. Manches muß repariert, neu aufpoliert oder mit kundiger Hand gar neu angefertigt werden. Vorweihnachtszeit ist Vorbereitungszeit auf Weihnachten. Dabei kommt es leicht zu einem Sichverlieren an dessen Äußerlichkeiten. Die eigentliche Weihnacht ist mehr, als Figuren und Gegenstände, Sitten und Bräuche sie dem Auge präsentieren. Sie will Begegnung mit dem schenken, der „gewaltig" gekommen ist, gekommen, „um die Sünder zu retten" (1 Tim 1,15), erschienen als „rettende Gnade Gottes" (Tit 2, 11), als „Hoffnung auf Leben" (1 Petr 1,3). Das viele, womit erzgebirgische Weihnacht sich dem Beschauer darstellt, will nicht Selbstzweck, es will Wegweisung sein, will auf das Wunder hinweisen, „daß Gott seinen eingeborenen Sohn gab" (Joh 3,16). Vorweihnachtszeit – am sinnvoll-schönsten ist sie, wenn sie Wegweisung auch dieser Art ist: „Komm, o mein Heiland Jesu Christ, meins Herzens Tür dir offen ist; ach zieh mit deiner Gnade ein, dein Freundlichkeit auch uns erschein."

Spötharbst

De Falder sei leer, de Ardeppeln rei,
de Tog namme o, es Gahr gieht vürbei.
Der Himmel is graa, un über de Höh'
blöst gahlings der Wind, dar riecht schu nooch Schnee.

's wärd net meh lang brauchn,
dann is es suweit:
Der Winter is do,
un es stürmt un es schneit!

Un gieht aah es Gahr do drüber miet hie,
gieht's Labn sachte fort, derwagn blebt's fei schie.
Dos muß esu sei, dos gehärt miet derzu:
Gieht aah alles vürbei, derwagn bleib ich fruh.

Ich waß doch, an wan
ich halten miech ka.
Do bleib ich derbei,
un do halt ich miech dra.

Harbst / Vür Weihnachten

E letzter Schmatterling
fliegt sachte vür mir hie.
Am Himmel sieht mer schu
de Schwalbn nooch'n Süden zieh'.
De Tog, die namme o,
de Nächt wardn lang un kalt.
Do fängt mer langsam a
un hult sich Moos vom Wald.
Bal pfe'ft der Wintersturm,
do woll'n mir fei net friern.

Mir wardn schu sachte mol
es Stöckholz ausprobiern.

Der Harbst is wieder do,
bal wärd Weihnachten sei.
Wärd's Winter aah un's schneit,
ich fraa, ich fraa mich fei!
Es gibt kaa schönn're Zeit,
es ganze Gahr durch net,
wu aans e sette Fraad
wie, kimmt Weihnachten, hätt'.
Wagn all dan Drümundra!
Un wagn der heilign Nacht,
wu's Christuskind uns hot
su reich, su reich gemacht!

Kirmeszeit

Wenn's Harbst is, un es gieht
zen Winter sachte hie,
is bei uns Kirmeszeit,
un Kirmes, die is schie.

Gebohnert wärd, gewichst,
de Bettwäsch' nei bezugn,
es Backzeich agericht'
fürn Quark- un Pflaumekuchn.

Schu in der Woch zevur
wärd flessig raagemacht,
de Fanster wardn geputzt,
Gardine aufgemacht.

De Pfann' wärd hargehult,
der Kuhhos wärd geschlacht',
Ardeppeln wardn geschölt,
's Kompott wärd aufgemacht.

E jedes packt miet zu,
e jedes gibt sich Müh.
Bei uns is Kirmeszeit,
un Kirmes, die is schie.

Von Schnee- und Kältejahren

Weihnachten und Schnee gehören zusammen wie Weihnachten und Christmette, wie Weihnachten und die Bescherung. Wenigstens im Erzgebirge, wo das Land auf Höhen von 600 und mehr Metern ansteigt. Gewöhnlich fehlt es auch nicht daran. Doch hat es auch das andere gegeben, daß die Mädchen am Neujahrsmorgen – Wahrheit oder Legende? – Veilchen und Kornblumen pflückten. Im warmen Dezember 1863 wurden über 19 Grad Wärme gemessen, es blühten die Primeln, und Schmetterlinge erfreuten sich gaukelnd ihres Daseins. Freilich, gern gesehen sind solcherart Winter nicht. „Weihnacht im Klee, Ostern im Schnee!" sagt der Volksmund.

Weit mehr als von sommerlichen Wintern berichten die Chroniken von lang anhaltenden und kalten mit über die Maßen viel Schnee. So soll der Winter 1141/42 ohne Unterbrechung acht Monate lang, von Oktober bis Pfingsten, gewährt haben. Mitte April 1717 lag der Schnee im Erzgebirge noch eine halbe Elle hoch, so daß die Chronisten „eine vortreffliche Schlittenbahn bis nach Leipzig" vermelden konnten. Vom Winter 1720 heißt es: „Es gab eine solche Masse Schnee, daß aller Verkehr eine ziemliche Zeit unterbrochen blieb. Während am ersten Osterfeiertag noch alles mit tiefem Schnee bedeckt war, fiel einige Tage darauf wiederum eine unergründliche Masse." Noch Ende April 1799 fiel ein Schnee „wie im ärgsten Winter".

Interessante Auskunft über den Winter von 1755 gibt das „Historische Tagebuch" eines gewissen Gotthülff Traugott Eckarth. Am 9. Februar jenes

Jahres wurden minus 56 Grad und so der kälteste Tag gemessen. Der Schnee lag an vielen Stellen so hoch, daß Stangen von sechs bis zehn Ellen als Merkzeichen für die Reisenden gesteckt werden mußten, und seit Menschengedenken wußte man sich nicht zu erinnern, daß so viele Menschen auf den Straßen erfroren wären. Marktweiber wurden erstarrt, mitten im Schnee stehend, aufgefunden. Aus der Dresdner Gegend ist vom 8./9. Februar berichtet, daß man die Bäume habe vor Kälte platzen hören. Hier und da trat Hungersnot ein, weil die Mühlen verschneit und eingefroren waren. Vielfach konnte am Morgen niemand aus den Häusern, weil der Schnee bis über die Fenster und zum Teil sogar über die Dächer ging, so daß die Leute sich mit Schaufeln und Stangen durch die Schneeberge hindurcharbeiten mußten. „Dergleichen Last und Menge des Schnees muß in hiesiger Gegend in diesem gantzen Seculo zu der jetzigen Zeit noch niemals vom Himmel gefallen sein", schreibt Eckarth. Kein Wunder, daß es in solchen Wintern auch vermehrte Wildplagen gab. Ganz gewiß waren extreme Winter die Ausnahme. Und es hat sich immer wieder bewahrheitet: „Und dräut der Winter noch so sehr ... es muß doch Frühling werden!" Gott hat zu seinem Wort gestanden und steht dazu: „Solange die Erde steht, soll nicht aufhören Saat und Ernte, Frost und Hitze, Sommer und Winter, Tag und Nacht" (1 Mose 8, 22), und der Volksmund hat das optimistische Verslein geprägt: „Wenn's zur Lichtmeß (2. Februar) stürmt und schneit, ist das Frühjahr nicht mehr weit!"

Blüht erst auf den Drebacher Wiesen – Drebach bei Ehrenfriedersdorf im erzgebirgischen Greifensteingebiet – der Krokus, dann sind Winter und Weihnacht vergessen. Ein neues Jahr nimmt seinen Lauf, zieht mit seiner Vielfalt an uns vorüber. Bis es wieder Herbst wird und wieder Winter und wieder die Lichter der Weihnacht brennen ... Ewiger, göttlich gefügter Kreislauf der Zeit.

Vür Weihnachten

Vom Dorfbarg drübn rüber,
von Schneebarg drübn rei
treibn schwarzgraae Wolken
ins Dorf ze uns nei.

Un drubn of dan Wolken,
nu guckt när mol nauf,
do sitzt wasterhole
der Rupperich drauf!

Sen Sack voller Flocken!
Mit wos dä sist aah!
Die wärd er nu 'mende
ze uns runner haa!

Komm lieber bal salber,
mach' 'nen *annern* Sack auf!
De Kinner, die warten
fei lang schu do drauf!

Nischt wetter wie schneie?!
's is aah schu ganz schie.
Doch sah' mir dich lieber
ben Weihnachtsbaam stieh',

dei Spielzeich auspacken,
un wos de su hast!
Komm 'runner, du Rupprich,
su fix wie de kast!

Der erschte Schnee

Heit in der Nacht,
do hot's es erschte Mol geschneit.
E fünkel när,
der erschte Gruß der Winterschzeit.
Es langt noch net
zer Schlieten- un zer Schneeschuhbah.
När an der Stroß
ben Rand, do klabt der Winter dra.
Un aah e Wogn,
dar leer ben Schmied vür'n Haisel stieht,
is schneebesa'mt,
net viel, su, daß mer'sch Holz noch sieht.
Doch aus dan Schnee,
dan fünkel vür ne Schmied sen Haus,
macht sich e Gung
– die Fraad! – en dicken Schneeball draus.
Dan schmeißt er huch,
'nauf in de Luft, zengst in de Höh ...
Guckt har, ihr Leit,
guckt har: der erschte, erschte Schnee!

Vertont von Werner Herrmann

Ruschellied

Guck, wie's draußen Flocken schneit
un de Fanster frier'n!
Komm, do müß' mir ruscheln gieh
un de Bah probiern!

Ruscheln, ruscheln, dos is schie!
Ei, is dos e Labn!
Guckt när of ne Dorfbarg hie!
Kaa's 'wos Schönner'sch gabn?

Wenn mer ruscheln giehe tut,
braucht mer feste Schuh,
aah e gruße dicke Mütz
un en Schal derzu.
Ruscheln, ruscheln ...

An de Schuh muß Eisen sei,
daß mer bramsen ka.
Kimmt emol ewos derquar,
fährt mer sisten na.
Ruscheln, ruscheln ...

Hei, dos fliegt es Bargel no!
Mienel, spring, reiß aus!
Kimmst sist in ne Schlieten nei,
siehst's doch, wie er saust!
Ruscheln, ruscheln ...

Fritzel, halt dich fei racht fest,
könnst sist runnerfliegn
und dann, eh' de dich's versiehst,
unnern Schlieten liegn!
Ruscheln, ruscheln ...

Gustel, komm un gab dir Müh,
lenk bluß net dernabn!
Drunten bei der Stroßeneck'
is e grußer Baam!
Ruscheln, ruscheln ...

Ei, is dos e schiene Sach,
wenn mer ruscheln ka!
's Schönnste miet, wenn Winter is,
is de Schlietenbah!
Ruscheln, ruscheln ...

Vertont von Joachim Süß

St. Nikolaus und der Nikolaustag

Jeweils am 6. Dezember, Wochen vor dem Weihnachtsfest, empfangen zumindest die Kinder, und das nicht nur im Erzgebirge, eine vorweihnachtliche Bescherung: wenn der Nikolaus kommt und die vor das Fenster oder vor die Tür gestellten Schuhe, Körbchen, Teller oder Schüsseln mit Nüssen, Äpfeln und Zuckerwerk füllt. „Vorfreude, schönste Freude, Freude im Advent!"

Der Nikolaustag geht auf Nikolaus von Myra, eine legendenumwobene Heiligengestalt um die Wende vom 3. zum 4. Jh. zurück. Unter dem römischen Kaiser Diokletian (243–316; Kaiser 284–305) soll er Confessor – Bekenner seines Glaubens in Verfolgungszeit – geworden und unter Kaiser Konstantin (um 280–337; Kaiser seit 306) aus dem Gefängnis befreit worden sein. Es wird erzählt, daß er von Kind auf ausnehmend fromm gewesen sei und schon als Säugling gefastet habe. In der Pestzeit um 300 n. Chr. habe er Wunder der Barmherzigkeit getan, wie auch später als Bischof von Myra im südlichen Kleinasien. Von einer der schönsten Legenden um ihn kommt die geheimnisvolle Bescherung am Nikolaustag her: Als einmal ein Mann für seine Töchter keine Mitgift aufbringen konnte, hat sich Nikolaus, der Gütige, so die Geschichte, dreimal in der Nacht vor das Haus des Bedrückten geschlichen und ihm jedesmal einen Beutel Gold in das Schlafzimmer geworfen, um ihm aus der Not zu helfen.

Nach Nikolaus' Tod soll Balsam aus seinem Grab geflossen sein. Das habe sich wiederholt bei der Überführung seiner Gebeine nach Bari im Jahre 1087.

Gefeiert wurde Nikolaus von Myra anfangs im Morgen-, später auch im Abendland. Zahlreiche Kirchen wurden auf seinen Namen geweiht als Patron der Seeleute, der Bäcker, der Wanderer und Studenten. Zyklen von Bildern und Fresken stellen die Fülle seiner Wunder dar. Im Erzgebirge stehen nach St. Nikolaus benannte Kirchen u. a. in Freiberg, Dippoldiswalde, Ehrenfriedersdorf.

Pate Doktor

Der Winter war wieder einmal so, wie er nach den Erzählungen der Alten, und wie man so in Büchern liest, sein muß: Es gab Schnee, viel zuviel nach Meinung nicht weniger Leute; es war kalt, klirrender Frost umschloß, einem Panzer gleich, alles, was sonst zu leben pflegte und lustig anzuschauen war. Zuweilen auch pfiff eisiger Wind über das Land, trieb den Schnee vor sich her, türmte meterhohe Wehen vor sich auf und blies durch alle Ritzen hindurch. Dann wieder schlug das Thermometer Kapriolen, sprang auf Grade über Null und fiel wieder zurück, was auf den Straßen und Wegen gefährliches Glatteis zur Folge hatte. Es war schon ein Kreuz mit diesem Winter. „Man ist es nicht mehr gewohnt, das ist es!" sagten die Leute, und man konnte daraus hören, wie schwer sie mit den Unbilden und Wechselfällen dieses Winters zurechtkamen. Ausgerechnet an einem Abend, als die Straßen wieder einmal spiegelglatt waren, passierte die Geschichte mit Andreas Thomm. Das heißt, im ersten Teil der Geschichte gab es ihn noch gar nicht.

In der Arztpraxis der kleinen Stadt klingelte das Telefon. An sich nichts Besonderes; denn das geschah dort oft. Diesmal rief ein Mann vom Nachbardorf an – etwa drei Kilometer von der Stadt entfernt –, eine aufgeregte, ängstlich wie die eines Kindes klingende Stimme: Der Doktor möge bitte kommen, sogleich, wenn es gehe, es sei „soweit" ... Obwohl sich Doktor Lenkner sofort denken konnte, womit es „soweit" war, fragte er doch danach. „Mit meiner Frau. Bitte kommen Sie! Wir kriegen kein Auto für die Klinik!"

„Sie haben es versucht?"

„Aber ja. Bitte kommen Sie!"

Überflüssig, dachte der Doktor, nach dem Warum und Wieso zu fragen. Die Wege waren vereist, das wußte er; er war eben erst von einem Hausbesuch zurückgekommen. „Halb auf allen vieren", hatte er, mehr im Scherz, zu seiner Frau gesagt. Da kann kein Auto fahren. Auch der Krankenwagen nicht. „Ich komme!" sagte der Doktor und legte den Hörer auf. Er würde jetzt vielleicht sogar wirklich „auf allen vieren" gehen müssen. Gehen? Rutschen, schlickern! So würde es sein. Aber was tat es! Ein Mensch brauchte Hilfe. Der Doktor lächelte schon wieder. Zwei Menschen! dachte er, und er meinte nicht den Mann damit, der eben angerufen hatte.

Nicht weniger als der beschwerliche Weg gab dem Doktor etwas anderes zu denken. Es war das erste Mal in seiner Praxis, daß er „so etwas“ zu absolvieren hatte. Allein, ohne jede Assistenz. Landärzte sind heutzutage keine Geburtshelfer mehr. Dafür gibt es Frauenkliniken. Eine höchst löbliche Einrichtung. Solange es kein Glatteis gibt, wie dieser Winter es augenblicklich präsentierte. Mit seinem Lada und auf normal befahrbarer Straße wäre Dr. Lenkner in spätestens zehn Minuten draußen im Dorf gewesen. Unter normalen Wetterbedingungen ... Da hätte das das Krankenauto übernommen und die werdende Mutter in die Klinik gebracht, da wäre das überhaupt nicht sein, des Doktors von der Landpraxis, Problem gewesen. Aber es war nichts „normal“ an diesem Abend. Der Doktor mußte zu Fuß gehen. Mühsam, beschwerlich. Eine Stunde und mehr brauchte er dazu. Er begegnete keinem Menschen – wieso auch, bei *dem* Weg! – und hatte unterwegs Zeit genug, sich alles ins Gedächtnis zu rufen, was bei einer Entbindung zu tun ist. Natürlich wußte er es. Nur fehlte ihm zu diesem seinem Wissen die Praxis. Nicht, daß er Bedenken hatte und unsicher war. Man wird vor jede Sache, dachte er, einmal das erste Mal gestellt, wirklich und echt das erste Mal jenseits der Stud.-med.-Semesterzeit. Und es geschehen Dinge im Leben, mit denen man nicht rechnet und doch zurechtkommen muß. Und Gottvertrauen darf man auch haben, aber natürlich. Auch darauf besann sich der Doktor auf seinem Weg nach dem Dorf.

Er kam gut und noch zur rechten Zeit im Dorf und bei den Wartenden an. Nun, da die Angst von denen genommen war, ging alles seinen normalen Gang. Es war noch nicht Mitternacht, da tat ein Junge – einer mehr unter den Millionen dieser Welt – seinen ersten Schrei. „Na, sehen Sie“, sagte der Doktor und hielt der erschöpften und doch glücklich dreinschauenden Mutter den strammen Jungen vors Gesicht. „Wenn *das* nichts ist!“ Der Doktor war nicht weniger beglückt als die Eltern. Er kam sich vor wie einer, der sein „Meisterstück“ vollbracht hatte; aber das hatte er, weit mehr gefordert als an diesem Abend, doch längst hinter sich.

„Gott sei Dank!“ sagten freudestrahlend der Vater und dann auch die Mutter des Neugeborenen. „Wenn wir *Sie* nicht gehabt hätten ...“

Der Doktor winkte ab. „Gott sei Dank!“ sagte auch er, ernst und betont. Und dann: „Ich freue mich, daß Sie es so sagen und sehen!“ Als man zuletzt noch bei einer Tasse Kaffee beieinander saß, kam man auf andere Dinge als die dieses Abends – Wetter und die winterlichen Wegeverhältnisse – zu sprechen: auf Glauben und Gottvertrauen, auf Kirche und Religion. Es ergab sich so. Nach allem, was geschehen war. Und weil Winter war und es auf Weihnachten zuging. Und weil sie, der Doktor wie auch der Mann und seine Frau, dazu standen. Dabei fing der junge Vater wieder von dem an, was er vordem schon hatte sagen wollen: „Sie haben meiner Frau das Leben gerettet ..."

„Ich bitte Sie!" verwahrte sich Dr. Lenkner gegen diese, wie er sagte, „so großen Worte". „Ich bin Arzt. Ich habe zu helfen, wo Hilfe gebraucht wird." Lächelnd fügte er hinzu: „Zur Zeit und zur Unzeit, wie es auch in der Bibel steht!" Er verabschiedete sich, sagte noch: „Ich werde mich, sobald die Straße wieder befahrbar ist, einmal hier umsehen!", und dann ging er.

Als die Männer aus dem Haus traten, merkten sie, daß das Wetter umgeschlagen war. Wieder einmal, wie schon des öfteren in diesem Winter. Vom Berghang herüber strich ein merklich linder gewordener Wind ins Dorf. „Schau einer an!" sagte der Doktor, als er spürte, daß er fest auf den Füßen stand, weil keine Glätte mehr da war. Es war viel Freude in seinem Herzen. Wegen all dem, was an diesem Abend geschehen war.

Auf dem Heimweg kam ihm ein Gedanke. Zu Hause sprach er sogleich mit seiner Frau darüber. Sie war einverstanden mit dem, was er sagte. Als er am andern Tag noch einmal bei der Familie im Dorf hineinschaute, sagte er es dort auch: „Eins hätte ich gern. Weil das gestern ein so seltener, vielleicht einmaliger, nicht wiederkehrender Fall in meiner Praxis war. Nehmen Sie mich zum Paten, wenn Sie Ihren Jungen taufen lassen!"

„Aber Herr Doktor ...!" erwiderte der Vater, und die Frau dachte es wohl ebenso. Das hatten sie nicht erwartet.

„Was heißt hier ‚aber'?" meinte Dr. Lenkner. „Darf ich, oder darf ich nicht?"

Natürlich sagten sie ja. Die Leute im Dorf staunten nicht wenig, als am Sonntag zwischen Weihnachten und Neujahr Dr. Lenkner persönlich den Jungen zur Taufe trug. So etwas hatte es noch nicht gegeben. „Irgendwie ist er ja auch ‚mein' Junge!" sagte der Doktor, und er hatte schon recht damit; denn wenn das mit dem eisig-glatten Weg, und daß er hatte einspringen und helfen müssen, nicht gewesen wäre ... Als der Junge sprechen und ungefähr verstehen konnte, was man ihm erzählte, nannte er den Doktor „Pate Doktor" und sagte „du" zu ihm. Was gleichfalls völlig in Ordnung war. Auch wenn sich manche Leute, wenn sie ihn so reden hörten, darüber wunderten oder es ihm gar verargten, weil sie meinten, einem Buben seines Alters zieme diese Duzfreundschaft nicht. Aber das waren nur die, die des kleinen Thomm jr. Geschichte nicht kannten. Außerdem bestand der Doktor darauf, daß er von seinem Patenkind so und nicht anders angesprochen wurde.

Parade der Liebe

„Laßt uns nicht müde werden, das Gute zu tun!" So steht es geschrieben: Galaterbrief, Kapitel 6, Vers 9. Und weil Johannes Mehnert, treuer Kirchenmann und fleißiger Bibelleser, auch *tun* wollte, was er las – aus der Liebe heraus, deren ein Christ sich zu befleißigen hat –, so ist ihm eines Tages seine Nußknackergeschichte passiert, eine fröhliche Weihnachtsgeschichte gewiß seltener Art.

Einige Wochen vor dem Fest bekam Johannes einen Brief von einer ihm unbekannten Dame, alt und gehbehindert, wie sie selbst sich bezeichnete, aus einem Dorf, weit weg von dem seinen: Ob er ihr wohl fünf Nußknakker beschaffen könne, sie möchte sie verschenken, und er wohne doch in der Gegend, wo sie angefertigt würden; von Bekannten habe sie erfahren, daß er dann und wann dergleichen möglich mache, sie selbst habe leider keine Möglichkeit, das Begehrte zu bekommen.

Johannes war nicht groß verwundert über diese Anfrage. Es stimmt: er hatte tatsächlich schon manchmal geholfen, wo Wünsche solcher Art an ihn herangetragen worden waren. Wenn er es vermocht hatte, versteht sich! Er hatte schon Pyramiden, Schwibbogen, hölzerne Bergmänner und Engel vermittelt. Mit Nußknackerbesorgung und -verschickung hatte er sich noch nicht abgegeben. Aber er gedachte des erwähnten Bibelwortes, und daß es wohl eine selbstverständliche Tat geringfügiger Liebe wäre, und schrieb jener Dame, er werde versuchen, ihr zu helfen. Er konnte nicht ahnen, welche Komplikationen sich daraus ergeben würden.

Sie begannen damit, daß nirgends, wohin er sich auch wandte, weder in Fachgeschäften noch bei Schnitzern, die er kannte, Nußknacker zu erhalten waren. „Ausverkauft! Sie scheinen dieses Jahr der Clou unter den Weihnachtsgeschenken zu sein!" Das und ähnliches bekam er zu hören, wo immer er auch nachfragte. Tage nicht einkalkulierter Laufereien reihten sich aneinander. Er vertat mehr Zeit, als er angenommen hatte. Und doch: „Laßt uns nicht müde werden . . .!"

Manchmal kam er sich fast albern vor, wenn er immer und immer wieder in einen Laden trat, bei Leuten, die ihm bekannt waren, bei andern, die er nicht kannte, an die gutgemeinte Ratschläge ihn verwiesen hatten, und seine Frage nach Nußknackern an den Mann brachte. Er war nahe daran, den so wenig bedachten Nußknackerbeschaffungsauftrag zurückzugeben. Aber er tat es nicht. Immer wieder besann er sich darauf, daß Weihnachten das Fest der Liebe ist, einer uns von Gott zuteil gewordenen grenzenlos-wunderbaren Liebe, die wir, so gut es geht, in Liebe untereinander umzumünzen haben, auch wenn es eine in hölzernen Nußknackerfiguren sichtbar werdende ist. „Laßt uns nicht müde werden . . .!"

Manchmal träumte Johannes auch von seinen Holzmännern. Er sah sie in Reih und Glied auf sich zumarschieren, fünfzig, hundert und mehr, und die vorderen schienen ihm zuzulächeln, als wollten sie sagen: „Nimm doch die fünf, die du brauchst, hier sind wir!" Wenn er aufwachte, waren sie allesamt weg.

Kurz vor dem Weihnachtsfest passierte es: Im Schaufenster eines Kunstgewerbegeschäftes sah Johannes Mehnert – Nußknacker stehen, einen neben dem andern. Er meinte seinen Augen nicht zu trauen. Aber es war kein Trugbild, das ihn narrte. Es war greifbare hölzerne Wirklichkeit. Drinnen im Laden hörte er: „Eine Nachlieferung! Eben erst eingetroffen!" Dem Kauf stand nichts im Wege. Der Handel war im Handumdrehen getätigt, und mit einem dicken Paket, fünf schmucker Nußknacker voll, marschierte Johannes nach Hause. Also hatte ihm doch noch der Stern geleuchtet, nach dem er so lange Ausschau gehalten! „Nicht müde werden!" Es bewahrheitete sich eben doch.

Zu Hause angekommen, fand er in seinem Briefkasten eine Postkarte vor. Von jener ihm unbekannten gehbehinderten älteren Dame. Sie habe in der Nußknackersache nichts mehr von ihm gehört. Wahrscheinlich habe er keine besorgen können. Inzwischen aber sei es ihr selbst gelungen, mit Hilfe einer Freundin sechs „reizende bunte Nußknacker" zu bekommen. „Sie glauben gar nicht, wie allerliebst sie ausschauen!" schrieb sie. Er möge sich also nicht weiter darum bemühen. „Sechs" war dick unterstrichen. Darauf bezog sich ein Nachsatz: Da er anscheinend selbst keinen Nußknacker besitze – wie nur mochte sie darauf gekommen sein? –, sei sie gern bereit, ihm einen, sie benötige nur fünf, zu überlassen. Er sei bereits per Päckchen unterwegs.

So hat Johannes, belustigt-betrübt in einem, seine fünf Holzmänner, nun wirklich die *seinen,* ausgepackt, die ihn so viel Zeit, Geduld und – nicht zu vergessen! – dazu eine ordentliche Stange Geld gekostet hatten, und hat sie auf zwei der Fenstersimse in seiner Wohnung aufgestellt. Neben dem fünften war noch Platz für den sechsten, der noch dazukommen und der ihn, Johannes Mehnert, noch einmal den entsprechenden Geldschein kosten würde.

Ein paar Tage später standen dann auch wirklich alle sechs in Johannes Mehnerts Fenstern. Wenn sein Besitzer sie stehen sah, kam es ihm vor, als sagten sie: „Wir können nichts dafür!" Nein, sie nicht. Genaugenommen überhaupt niemand. „Alle Jahre wieder" würden sie nun in Reih und Glied an ihren Plätzen stehen, und da es Johannes, ich sagte es schon, ehrlichen Herzens mit der Bibel hielt, dachte er beim Anblick seiner sechs Nußknakkerfiguren nicht nur an Galater 6, Vers 9, sondern auch an Matthäus 25, Vers 29, wo geschrieben steht: „Jedem, der etwas hat, dem wird noch mehr gegeben werden, und er wird übergenug haben." Woraus man sehen kann, daß Johannes auch Ungutes aus Gottes Hand zu nehmen verstand. Und es war nicht verwunderlich, daß er seine sechs „Getreuen", wenn er sie Besuchern, Freunden und Bekannten zeigte und darauf, wie es damit zugegangen war, zu sprechen kam, gern seine „Parade der Liebe" zu nennen pflegte.

De Referenzen

Es is schu lang har, wu dos passiert is. Der Graubner Max un aah dar Hannelsmah, dar ne mol kurz vür Weihnachten besucht hot, die labn schu lang net meh.

Der Max hatt en Loden, wu mer su gut wie bal alles ze kaafen kriegn konnt. Drüm stand dar Loden aah immer voller Leit. E Betrieb war dos e mannichsmol, daß es net meh schie war. Dä klaa derzu war ne Max sei Loden aah. Wie nu der Loden wieder emol gedrängelt voll stand, su üme erschten, zweeten Advent rüm, mer waß doch, wie's do esu is, un der Max wie e Haftelmacher ze tue hatt, kam e Raasender zer Tür rei. Er hatt en schön graae Azug a, en grußen Koffer in der Hand, un er stellet sich z'samst sen Koffer hie, wie wenn er, uhne ewos verkaaft ze hobn, net wieder giehe wollt. „Wo hobn Se dä Schienes?“ maanet der Max über ne Leiten ihre Köpp wag. Of aaner Art passet's ne gar net, daß dar Mah esu kurz vür Weihnachten gesappt kam. Of der annern war er aah fruh, daß er emende sei Weihnachtsagebut of die Weis' noch e fünkel vergrössern konnt. Geschäft is Geschäft! Dos war meitog ne Max sei Devis'.

„Ich komm in Zigarrn, Zigaretten un Tobak!“ sat der Raasende of ne Max seiner Frog. „Unnere Firma is zwar noch nei bei Ihne, ober mir denken, es könnt schu emol e Geschäft miet wardn!“ Er sat's of Huchdeitsch; dä er war net von ne Gebärg.

„Nu, wenn Se denken!“ sat der Graubner Max. „Mir soll's net drauf akomme!“ Un dodermiet tat er, wie wenn er de größten Beziehinge hätt. Of de Leit, die in ne Loden standen, machet dos kan garschtign Eidruck.

Der Raasende packet nu sen Koffer aus un stellet of e leeres Flackel of der Lodentafel seine Muster hie. Wenn der Max emol von der Kundschaft wagkonnt, gucket er sich die Sachen a, un noochert gob er aane Bestelling nooch der annern auf. De War kam ne billig vür. Von dare Sort nohm er e Kist un von gääner aane, es kame zeletzt e schie paar Posten z'samm.

Wie se bal fertig warn – wagn de vieln Leit in ne Loden tat's alleweil dauern –, do froget der Raasende of aamol: „Un wie stieht's dä mit de Referenzen, Herr Graubner?“

Der Max mußt erscht eweng noochdenken, un aah dos machet sich, der Leit wagn, gut, un noochert sat er kurz un bündig: „Nu meitwagn! Do schreibn Se halt aah dodervu noch e Kistel miet auf!“

Seit salling hieß der Max bei de Leit bluß noch der Kistel-Max. Ober die Geschicht is wärklich schu lang har, ich sat's doch schu, un sette Maxen wie ne Kistel-Max gibt's schu lang net meh. Un noch ewos, daß net epper aans of dan Gedanken kimmt, dare Kistel-Max-Sach noochzestöbern: In Wärklichkat hot dar, dan die Sach passiert is, net Graubner un aah net Max gehaaßen. Ganz annersch! Un do könnt ihr simbeliern wie ihr wollt, do kimmt kaan's derhinner. Ich war' doch unnern guten alten „Max“ net neitaifeln, aah, wenn er schu lang gestorbn is un die Leit emende aah, die dozemol in sen Loden standen un die schiene klaane Extrabeschering an Fraad miet derlabt hobn.

Alle z'samm e fünkel von Weihnachten

Wieder steigt der Vater
of ne Buden nauf,
hult die Kist, die drubn stieht, runner,
die voll Weihnachtszeich,
macht se unten auf.

Aa Stück nooch ne annern
nimmt er sachte raus:
Bargmah, Engel, Lechter, Mothsgung,
Schwibbugn, Peremett,
stiehe nu im Haus,

bränge Fraad un Frieden
in de Herzen nei,
wall se alle z'samm e fünkel,
un e schien's derzu,
von Weihnachten sei.

Lichterabend

Es ist in vielen Kirchen im Erzgebirge Brauch, daß einer der Abende im Advent – der des ersten, des zweiten Adventssonntages oder auch eines Wochentages – als Lichterabend, „Lichtelobnd", begangen wird. Man bringt Kerzen und Kerzenhalter mit in die Kirche. Nach der gottesdienstlichen Einleitung werden die Kerzen entzündet, und zwar am Altarlicht, das von Helfern, meist Jugendlichen, in den Gängen an den Bankreihen entlanggetragen wird. Der jeweils Außensitzende zündet daran seine Kerze an und gibt das Licht an seinen Nebenmann weiter, dieser wieder an den seinen und so fort. Beim Kerzenlicht werden dann Weihnachtslieder gesungen, meist nur deren erste oder erste und zweite Strophe, um möglichst viele Lieder singen zu können. Choräle aus dem Gesangbuch, aber auch weihnachtliche Volks- und Kinderlieder, wie: „Kommet, ihr Hirten", „Alle Jahre wieder", „Süßer die Glocken nie klingen", „Am Weihnachtsbaum die Lichter brennen", „Welchen Jubel, welche Freude", „Ihr Kinderlein, kommet". Die Auswahl ist wahrhaftig umfangreich genug. Es bedarf nur jeweils der Ansage des Versanfanges. Das Weihnachtsliedersingen wird unterbrochen von einer kurzen Ansprache. Hierfür bieten sich Bibelworte wie diese an: „Ich bin das Licht der Welt. Wer mir nachfolgt, der wird nicht in der Finsternis bleiben, sondern das Licht des Lebens haben" (Joh 8, 12); „Ihr seid das Licht der Welt ... So soll euer Licht leuchten vor den Menschen, damit sie eure guten Werke sehen und euren Vater im Himmel preisen" (Mt 5, 14. 16); „Ihr wart früher Finsternis; nun aber seid ihr Licht im Herrn. Lebt als Kinder des Lichtes!" (Eph 5, 8) u. a.

Das Entzünden des Lichtes wird mit einem Anspiel eingeleitet, das sinnfällig die Botschaft verdeutlicht, um die es geht: „Du bist das Licht, von Gott gesendet, dein Wort ist wie die Sonne klar, und wer sich dem hat zugewendet, der wird erleuchtet wunderbar" (Julius Sturm); „Und allein von deinem Brennen nehme unser Licht den Schein, also wird die Welt erkennen, daß wir deine Jünger sein!" (Nikolaus Ludwig Graf von Zinzendorf)

Lichterabend – er ist vielerorts der feierlich-fröhliche Auftakt der mit der Adventszeit beginnenden Weihnachtszeit, er ist ein bewußtes Sichstellen unter den Segen Gottes für diese Zeit.

Anspiel zum Lichterabend

6 Sprecherinnen (junge Mädchen)

(Nach Gesang eines Gemeindeliedes gehen sie nach vorn zum Altar, wo 2 Kerzen brennen)

1. Sprecherin:

Wir stehen hier und tragen
ein jedes Kerzen in der Hand.
Noch sind die Kerzen dunkel,
sind noch nicht angebrannt.

2. Sprecherin:

So ist's mit manchen „Lichtern".
Manch einer meint, daß er eins sei.

Du bist nur eine Kerze,
ist nicht das Licht dabei!

3. Sprecherin:
Die Kerzen müssen brennen!
Zünd an! Erst dann wird Licht daraus!
Nur wenn sie brennen, leuchten
sie in die Welt hinaus.

4. Sprecherin:
Zünd an!? Woran entzünden?
Woher bekommen sie das Licht?

5. Sprecherin:
Woher? Nicht von dir selbst!
Von dir? Nein, davon nicht!

6. Sprecherin:
Zünd an!? Woran dann aber?
Wie wird daraus ein heller Schein?
Wie kann ich nicht nur Kerze,
wie kann ein Licht ich sein?

(Treten auseinander und geben den Blick auf den Altar frei)

1. Sprecherin:
Seht da das Licht hier brennen!
Als Zeichen ist es aufgestellt.
Als Zeichen Seines Wortes:
„Ich bin das Licht der Welt!"

2. Sprecherin:
Wer in dem Lichte wandelt,
das Jesus heißt, wird selbst zum Licht
und kann auch andern leuchten,
wie Er gesagt und spricht.

3. Sprecherin:
Du wirst dich freuen können!
Die um dich her, die werden's sehn!

4. Sprecherin:
Und lieben wirst du können,
den anderen verstehn!

5. Sprecherin:
Wirst offne Hände haben,
das gute Wort, die gute Tat!
So ist's mit dem, der Flammen
von diesem Lichte hat.
6. Sprecherin:
Ein Licht von Seinem Lichte,
sag, bist du's? Oder Kerze nur?
Ein Licht, das leuchtet? Oder –
von Leuchten keine Spur?
1. Sprecherin:
Willst andern Licht du bringen,
du kannst es nur, wenn selbst du's bist.
Die Kerze, die nicht leuchtet,
hat keinem noch genützt.
2. Sprecherin:
Laßt uns zum Altar treten!
So soll es jetzt, soll's immer sein:
Allein von Seinem Brennen
nehm' unser Licht den Schein!

(Wenden sich zum Altar und zünden dort ihre Kerzen an. Währenddessen spricht die 3. Sprecherin weiter)

3. Sprecherin:
Es ist das Licht der Weihnacht.
Seit Jesus kam, scheint es der Welt.
Es ist das Licht von Jesus,
das unsre Welt erhellt!

(Wenden sich wieder der Gemeinde zu)

4. Sprecherin:
Es will auch dich erhellen,
das Licht, das Gottes Liebe heißt,
das Licht, das dir und allen
den Weg zum Leben weist,
5. Sprecherin:
das Kraft schenkt und dich tröstet,
das bei dir ist auch in der Not

und einst auch in der letzten:
im Sterben und im Tod.

(Gehen in die Gänge an die Bänke)

6. Sprecherin:
Wir geben dieses Licht dir,
damit auch du es weitergibst,
damit, wie du geliebt bist,
auch du die Menschen liebst.

1. Sprecherin:
Du mußt, noch einmal hör es,
von Seinem Licht entzündet sein.
Sonst bist du nichts als Kerze,
nur Kerze ohne Schein.

2. Sprecherin:
Wir tragen unsre Kerzen,
nun angezündet, in der Hand.

3. Sprecherin:
Am großen Licht der Weihnacht
ward jede angebrannt.

4. Sprecherin:
Davon brennt auch das deine.
Geb's Gott, verlöschte es doch nicht!

5. Sprecherin:
Ist Weihnacht dann vergangen,
brenn' weiter doch dein Licht!

6. Sprecherin:
Bewahr's vor dem Verlöschen!
Bewahr's, daß stets es brennen kann!
Es kann nur leuchten, fängst du,
du selbst, zu brennen an!

(Sprecherinnen stimmen an: „Das ewig Licht geht da herein ..."
In die sich anschließenden Strophen aus dem Lied:
„Gelobet seist du, Jesu Christ"
[vor Beginn des Anspiels ist darauf hinzuweisen!]
stimmt auch die Gemeinde mit ein)

Das Wort wurde Mensch
und wohnte unter uns,
und wir sahen seine Herrlichkeit.
Johannes 1,14

Weihnachten ist ein ebenso schönes wie seltsames Fest. Man feiert es in der hier kältesten und unfreundlichsten Zeit des Jahres. Aber gerade in den Winterwochen spricht die Weihnachtsbotschaft besonders Herz und Gefühl an und vermag Wunder zu vollbringen: Herzen, Lippen und Hände tun sich auf. Das Wort Liebe wird in beglückender Weise Gestalt. Versöhnungen, Vergebungen, manchmal lange vor sich her geschoben, werden vollzogen. Man schenkt und – nicht immer jedem gegeben – läßt sich beschenken. Und das gar nicht nur der Sache wegen. Es geschieht, weil Weihnachten ist. Ein Geheimnis wohnt diesem Fest inne. Dieses Geheimnis setzt Regungen und Kräfte frei, mehr als zu anderer Zeit des Jahres. Warum das? Die Erklärung dafür kann kaum anderswo als im biblisch-kirchlichen Bereich gefunden werden. Die farbenprächtigen, die Mitfreude und das Mitleiden gleichermaßen auslösenden Weihnachtsgeschichten im Lukas- und Matthäusevangelium haben das Geheimnis der Weihnacht ebenso bewirkt wie die nüchtern-sachliche Botschaft von der in Jesus Christus „unter uns erschienenen Liebe Gottes" (1 Joh 4, 9) in den anderen Schriften des Neuen Testaments. Ein Wunder umgibt die Weihnacht, kaum wirklich erfaßbar, von dem ihr ureigenen Wunder her: Die in Jesus Christus Mensch gewordene Gottesliebe ist es, die Kräfte *zum Lieben* freisetzt, bewußt und unbewußt. „Weihnachten" in diesem Sinne sollte, darf kein Ende haben. Was die Liebe bewirkt, will uns begleiten, will Zeichen unseres Christseins sein auch darüber hinaus.

Wie es zu Weihnachten kam

Weihnachten – das Wort kommt aus dem Mittelhochdeutschen: „wihe nahte" = die geweihten Nächte – ist das jüngste der drei hohen christlichen Feste. Die frühe Christenheit feierte Ostern, die Auferstehung des Herrn, und Pfingsten, das Fest der Ausgießung des Heiligen Geistes. Daß ursprünglich wenig Wert auf die Geburt Jesu als einen des Feierns werten Tag gelegt wurde, hatte seinen vornehmlichen Grund darin, daß Tag und Jahr der Geburt Jesu unbekannt waren. Zwar gab es von der Bibel her zwei Anhaltspunkte dafür, einmal den Stern der Weisen, zum andern die von Kaiser Augustus angeordnete Schätzung. „Wir haben seinen Stern im Morgenland gesehen", heißt es bei Matthäus (2, 2). Es gab tatsächlich um jene Zeit eine auffallende Sternkonstellation: Die zwei sehr hellen Planeten Jupiter und Saturn waren von der Erde aus so zu sehen, als seien sie nur *ein* Stern. Es wurde später errechnet, daß dieses seltene Zusammentreffen der beiden Sterne im Jahre 7 vor unserer jetzigen Zeitrechnung geschah. Es ist ein sich in größeren Zeitabständen wiederholendes Himmelsschauspiel; es wurde z. B. wieder 1603 von Johannes Kepler errechnet und beobachtet. Daß für Jesu Geburt das Jahr 1 und damit der Beginn einer neuen Zeitrechnung festgelegt wurde, „nach Christi Geburt", geht auf den römischen Mönch Dionysios Exiguus zurück, der 525 das heutige System einführte.

Ein zweiter Anhaltspunkt für die Geburt Jesu ist nach dem Neuen Testament die von Kaiser Augustus befohlene Schätzung. „Es begab sich aber zu der Zeit, daß ein Befehl von dem Kaiser Augustus ausging, alle Welt sollte sich für die Steuer eintragen lassen. Diese Eintragung war die erste, und sie geschah zur Zeit, als Quirinius Statthalter in Syrien war" (Luk 2, 1–2). Eine solche Volkszählung wurde aber damals nicht auf einen bestimmten Tag gelegt, sondern zog sich über Jahre hin, so daß auch aus dieser Bemerkung kein präzises Datum zu errechnen ist.

Zu alledem kommt, daß damals die Geburtstage überhaupt nicht gefeiert wurden. Noch Kirchenvater Origenes († 254) hat scharf gegen die Feier des Geburtstages Jesu Stellung genommen: Unter Christen sei es üblich, den Tag zu feiern, an dem Märtyrer und Heilige ins ewige Leben eingingen. Die Heilige Schrift berichtet nur von Pharao und Herodes, daß sie Geburtstag gefeiert hätten. Daraus schloß Origenes, daß Geburtstage zu feiern ein heidnischer Brauch sei. Freilich konnte auch das Feiern der Todestage der

Märtyrer in den ersten drei Jahrhunderten nicht öffentlich geschehen, da die Christen verfolgt wurden und ihre Religion verboten war. Solche Feiern konnten nur im engsten Familienkreis oder in der Geborgenheit der Katakomben, der unterirdischen Grabgänge in Rom, begangen werden. Erst im Jahre 300 hörten in Rom die Christenverfolgungen auf. Im Jahre 313 wurde durch Kaiser Konstantin das Christentum als Staatsreligion anerkannt.

Seit dem Jahre 300 wurde in der Ostkirche am 6. Januar das Erscheinungsfest begangen. Es wurde dann auch von Rom übernommen. Um 350 forderte Bischof Chrysostomos die Gemeinde auf, an diesem Tag vollständig im Gottesdienst zu erscheinen. Das war also die erste Feier der Geburt Christi. Vier Jahre später, 354, wurde dieses Fest offiziell in den römischen Festtagskalender aufgenommen.

Hatte man anfangs Geburt und Taufe des Herrn an einem Tag, am 6. Januar, gefeiert als Fest, an dem das Licht Gottes in dieser Welt aufleuchtete – Epiphanias- oder Erscheinungsfest –, so verlegte man dann den Geburtstag Jesu, getrennt vom Epiphaniasfest, auf den 25. Dezember. Dieser Tag wurde vermutlich bewußt als Jesu Geburtstag gewählt, da an ihm, dem Tag der Wintersonnenwende, in damaliger Zeit das heidnische Fest der „unbesiegten Sonne" gefeiert wurde. Die christliche Kirche verwies im Gegensatz dazu auf Jesus, die wahre Lebenssonne, die im geistigen Sinne die Herrschaft der Finsternis vertreibt. „Es soll euch aufgehen die Sonne der Gerechtigkeit", heißt es bereits beim Propheten Maleachi (3, 20).

Anfangs wurden drei Weihnachtstage gefeiert. Ihnen ging als Vorbereitung auf das Fest eine sechswöchige Fastenzeit voraus, die am 11. November, dem Martinstag, begann. Es war gestattet und nur naheliegend, daß man sich zu Beginn dieser enthaltsamen Wochen noch einmal satt aß. Offenbar war dafür schon zu früher Zeit der Gänsebraten beliebt, heute noch gleichermaßen geschätzter Weihnachtsbraten. Namen wie „Martinsgans", „Martinstrunk" – die neuen Weine wurden verkostet – und Begriffe wie „Martinsfeuer" und „Martinsminne" erinnern an jene geschichtlichen Vorgänge. Im 11. Jahrhundert wurde die Buß- und Fastenzeit durch die auf vier Wochen verkürzte Adventszeit abgelöst.

Der Name Silvester für den 31. Dezember geht auf den an diesem Tag des Jahres 335 verstorbenen Bischof dieses Namens zurück. Am 6. Januar wird nun das Fest der „Erscheinung des Herrn" begangen. In Armenien liegt Weihnachten heute noch auf dem 6. Januar, und die Russische Ortho-

doxe Kirche begeht Epiphanias festlicher als das Weihnachtsfest. Martin Luther wollte zu Epiphanias vornehmlich von der Taufe Jesu gehandelt wissen. Im Gegensatz zur reformierten Kirche hat die lutherische das Epiphaniasfest beibehalten, mit besonderem Nachdruck auf dem aus der Geschichte von den Weisen aus dem Morgenland sich ergebenden Gedanken der Offenbarung Christi an die Heidenwelt. Im Volksbrauch hat Epiphanias als das „Fest der Heiligen Drei Könige" mit den den Weisen gegebenen Namen Kaspar, Melchior und Balthasar in vielen Gegenden Volkstümlichkeit erlangt. Im Erzgebirge haben namentlich die „Dreikönigsspiele" in vergangener Zeit viel von sich reden gemacht.

Wie e Weihnachtsbarg

De Walt is wie e Weihnachtsbarg,
dar voller lauter Lichter hängt,
schie wie der heil'ge Christ,
dan uns der Rupprich brängt.

In jeden Haus der Christbaam stieht,
de Peremett gieht ümering,
der klaane Raachermah,
dar raacht un qualmt un stinkt.

De Kinner spiel'n zen letzten Mol
mit ihr'n zerbroch'ne alten Zeich.
Es war es ganze Gahr
lang ihr klaa Himmelreich.

Dä wenn der Rupprich ze se kimmt,
dar brängt ne wieder neies miet,
emende dos, wos heit
noch in ne Loden stieht.

De Leit sei alle fruh un gut,
un kaaner sogt e bieses Wort.
E jedes denkt bei sich:
Ach gäng dos doch su fort!

De Walt is heit e Weihnachtsbarg,
dar voller lauter Lichter hängt,
schie wie der heil'ge Christ,
dan morgn der Rupprich brängt.

Ne Alwin sei Weihnachtsbaamel

E paar Tog vür ne Heilign Obnd sat de Hulda ze ihrn Alwin, daß se aah noch en Baam für Weihnachten braucheten. „Do wärscht de wuhl emol of Aue neifahrn müssen", sat se, „gleich bei der Schoorler Haltestell wardn welche verkaaft!" Dos hatt ihr der gruße Gung gesat, dar nooch Aue of Arbet ging.

Der Alwin fuhr aah nei of Aue un gucket sich de Weihnachtsbaamle a, die dort rümstanden. Der Verkaafer zeiget ne Alwin e paar Baam, die e fünkel krumm un net gerode de schönnsten warn. Emende wollt er die luswardn oder er hatt wärklich kaane annern meh. „Ober doderfür sei se aah eweng billiger wie die annern!" sat er. Der Alwin war schu meitog fürsch Billige. Wu er sparn konnt, tat er sparn, dos muß mer ne fei rühmlich noochsogn. Un wie der Verkaafer noch sat: „Dos Krumme gibt sich mit der Zeit, dos is när aißerlich!", do gob's für ne Alwin kaa grußes Überlegn meh. Er nohm e settes Baamel un machet dermiet in ne Bus nei, dar gerode agefahrn kam.

Es war gar net esu aafach, mit dan Baam in ne Bus zerachtzekomme. Bei dan grußen Vürweihnachtsgewärch, dos es aah in dan Auto gob, wur' der Alwin mit sen Baam immer wetter nooch hinten gedrängelt, un wie er schu ganz hinten war, quetscheten sich immer noch Leit in ne Gang nei. Ne Alwin machet's nischt aus. Aah sen Baam net. Ob dar eweng meh verschubn wur', wie er schu war, dos konnt egal sei. Ober dar Mah, dar vür ne Alwin un sen Baam stand, fing net garschtig ze protzeln a: Wos dos für e Uverstand wär', sette Ficht miet rümharzeschleppen! Ob's dä epper in der

Schoorl kaane Baame ze kaafen göb?! Ober dar tat bluß esu rümspraiseln, wall ne dar Baam in ne Genick neistacheln tat.

Der Alwin kam glücklich eham, un voller Stolz zeiget er seiner Hulda sei „eweng billiger", wie er extra betunet, eigehanneltes Baamel. Ober du Ugelück! Wos in ne Bus lusgewasen war, war nischt gegn dos, wos itze lusging. „Du bist wuhl net gescheit!" sat de Hulda, un se machet derbei e Gesicht, dos aussogh, wie wenn e Donnerwatter ben Staabarg raufzieht. „En setten Kraakel ehamzebränge! Dasterwagn bist de nei nooch Aue gefahrn? Dos komische Ding is doch krumm von ubn bis nunner ze de Füß!" Mit setten un annern Redensarten setzet de Hulda ne Alwin seiner Fraad en net garschtign Dämpfer auf.

Ober der Alwin wußt sich ze halfen. Er hulet de Saag aus ne Schuppen un tat dos krumme Stückel – es war fei wärklich bluß e aanzigs krummes Stückel drinne! – kurzerhand raussaagn un noochert ne niedern un ne öbern Taal von dan Baamel mit en dicken Naal verbinne. Esu schlau war der Alwin! Mer kannt sen Baam net wieder. Esu gerode, wie dar itze aussohg, sieht kaa wärklich gerod gewachsener aus. Der Hulda ober war er immer noch ze schief. Wenn sich de Weibsen aamol ewos in ne Kopp gesetzt hobn, brängt mer'sch aah mit ner Saag net gleich wieder raus. Noch ben Aputzen brummet se vür sich hie: „Dos Ding is doch viel ze schief. Wenn mer net alles salber macht ..."

Zen Heilign Obnd kam de gruße Maad mit ne Schwiegersuh', wie alle Gahr, of Besuch. Es erschte, wos se saten, wie se in de Stub neitroten, war: „Ober hobt ihr en schönn' Baam! Wu hobt ihr dä dan schönn' Baam har?"

Der Alwin wollt gerode afange ze derzöhln, wos sich alles üm dos Baamel ogespielt hatt, do nohm ne de Hulda ganz aafach es Wort wag un sat: „Dan hobn mir von Aue! Wenn mer ewos Gescheits hobn will, darf mer de Zeit un de Arbet net scheie! Un dos aane merkt eich: Wos durch eirer Mutter ihre Händ gieht, dos is immer schie!" Dos war der Hulda su ihre Agewuhnet, an jede Sach e Art „Grundsatzerkläring" nazehänge. Se hatt ober kaam ausgered't, do mußt der Alwin esu lachen, daß er bal dra derstickt wär' un de Kinner net wußten, wos se denken sollten. De Hulda ober hot ne Alwin e paar Aagn hiegedreht – wenn die dos esu schie ageputzte Baamel getroffen hätten, wär'sch gewieß wieder krumm wurdn dervu.

Weihnachten im Erzgebirge in der Vergangenheit

Im Laufe der Zeit hat sich auch das Weihnachtsfest im Erzgebirge gewandelt. Vor hundert und mehr Jahren stand es gerade dort für viele Menschen im Zeichen offensichtlicher Armut und Armseligkeit. Daraus und aus dem damals weitverbreiteten, vielseitigen Aberglauben ergaben sich Sitten, Gebräuche und Gepflogenheiten, die inzwischen Vergangenheit sind, deren man sich wohl erinnert, die in gewandelter Gestalt zuweilen auch heute noch vorhanden sind, die aber keineswegs als Verlorengegangenes betrauert oder gar als Erinnerung an die „gute alte Zeit" gepriesen werden. Drei Beispiele, Zeugnisse aus der Zeit um die Jahrhundertwende und der Jahre zuvor, veranschaulichen einige alte Weihnachtsbräuche aus dem Erzgebirge.

Alte Weihnachtsbräuche im Krokusdorf Drebach

In einem dem Autor vorgelegenen handgeschriebenen Büchlein schildert das „Walther-Mienel", wie der Volksmund sie liebevoll nannte – 1863 in Schönfeld bei Annaberg geboren, viele Jahre Hebamme in dem durch seine Krokuswiesen bekannt gewordenen Dorf Drebach, wo sie 1944 starb –, Weihnachten, wie es in ihrer Jugendzeit gefeiert wurde.

In der Adventszeit kamen Frauen mit Tragkörben, darin sie Pfefferkuchen feilboten. Meist waren es Pfefferkuchen-Einzelstücke. Eine besondere Rarität des Erzgebirges stellten die großen braunen (Pfefferkuchen-)Männer mit nur wenig Goldschaum dar. Auch braune und weiße Kerzen in verschiedenen Größen wurden angeboten. Weiße Figuren für einen oder zwei Pfennige konnten an den Weihnachtsbaum gehängt werden. Schokoladenbestrichene und verpackte Lebkuchen kamen erst später auf. Stollen wurden kurz vor dem Fest gebacken, und weil der erste erst am Christtag früh angeschnitten wurde, ließ Mutter auch einen Kartoffelkuchen backen, der gleich verzehrt wurde. Im Hausflur wurde, den Stall (von Bethlehem) darstellend, unser mit dem Flegel gedroschenes Stroh ausgelegt. Am Heiligen Abend gab es zuerst Gänseklein mit grünen Klößen, Linsen und Bratwurst, Sauerkraut, Sellerie- und Rote-Rüben-Salat; auch die Semmelmilch durfte nicht fehlen. Eigenartig war die Symbolik der Speisen: Klöße sollten für die kommende Zeit die Goldtaler bedeuten, Linsen das Kleingeld bringen. Die Salate und die Semmelmilch verhießen Gesundheit und Wohlergehen. Unsere Mutter nötigte uns, von allem zu essen. Nach dem Heilig-Abend-Essen blieben Brot und Salz, in das weiße Tischtuch eingeschlagen, auf dem Tische liegen. Das wurde auch an den anderen zwei „heiligen Abenden", Silvester und Abend vor Hohneujahr, dem 6. Januar, so gehandhabt. Es sollte uns für das kommende Jahr stets ausreichend zu essen bringen. Während des Essens brannte eine besondere Talgkerze, das Heilig-Abend-Licht. Von der Decke erstrahlte das Licht von einem alten Leuchter aus Glasperlen. Nach dem Festmahl (am Heiligen Abend) kamen immer ein oder mehrere Ruprechte. Jedes Kind mußte ein Sprüchlein ansagen – man nannte das „Beten" –, und dann schüttelte der Ruprecht seinen Sack aus; meist waren nur ein paar Äpfel und Nüsse drin. Manchmal auch setzten sich die Ruprechte zu uns und sangen ein Lied nach dem andern mit. Die elterliche Bescherung war immer am Christtag früh. Metten in unserer Kirche gab es damals noch nicht. Der Vater kam ganz zeitig an jedes Bett und machte auf einem kleinen Leierkästchen Musik. Verschlafen sahen wir Kinder, wie darauf beim Drehen kleine Täubchen nach Futter pickten. Später trat an die Stelle des Leierkästchens eine Glocke. Vater wollte uns mit seiner Musik wecken, wir waren aber vor Aufregung meist schon vorher munter.

Unsere Eltern schenkten außer kleinen Spielsachen meist nur praktische Dinge. Zum Knabbern gab es Nüsse, Pfefferkuchen und Äpfel. Schokolade gab es bei uns nicht; sie war unseren Eltern zu teuer. Mutter verschenkte zu Weihnachten an arme Leute viele Kleinigkeiten zum Essen.

Nach Silvester wurden überall Federn geschlissen. Meist machten das nur die Frauen, die sich dabei alle Dorfneuigkeiten und Klatschereien erzählten. Auch dabei wurde viel gesungen.

Vom Weihnachtssingen der Chorschüler in Eibenstock

Im Dezember 1900 veröffentlichte der Falkensteiner Oberlehrer E. Ott einen Erlebnisbericht, erschienen bei C. M. Gärtner, Schneeberg und Schwarzenberg, über „das Weihnachtssingen der Chorschüler in Eibenstock" und den Eibenstocker Kantor Ludwig, unter dem er von 1862 bis 1868 selbst einmal zu den Chorschülern gehört hatte. Ott schildert – hier auszugsweise wiedergegeben – anschaulich und aufschlußreich weihnachtliches

Brauchtum, wie es in der nahe dem Auersberg gelegenen Erzgebirgsstadt gepflegt wurde.

Vor längeren Jahren weilte ich während der Weihnachtsfeiertage im lieben Erzgebirge, in meiner Heimat Eibenstock. Am 2. Feiertag gegen Abend saßen wir wohlgemut in dem beliebten Schneidenbachs Restaurant. Da tat sich die Tür auf, und herein trat so eine Mandel kleiner Gäste. „Itze kumme unnre Churschüler, passen Se auf, wie die schie singe känne!" sagte strahlenden Auges mein liebenswürdiger Nachbar. Und er hatte recht!

Im Nu hatte sich die kleine Schar aufgestellt. Der Chorerste ergriff die Stimmgabel, und – ein freudig schönes Weihnachtslied durchtönte das Lokal, so voll Andacht und mit solcher Begeisterung gesungen, daß sofort alles kirchenstill ward.

Ich kann versichern, obwohl ich als großer Gesangsfreund überall lausche, gleichviel, wo und in welcher Gestalt mir ein Lied entgegentritt, daß mich doch selten ein Gesang so ergriffen hat wie dieser einfache Weihnachtskinderchor.

Gewiß wirkte freilich hier mit die Erinnerung an jene schönen Jugendtage, „wo ich einst einer selber war", nämlich ein Chorist. Abermals wurde angestimmt, dann kassiert. Freudig und reichlich flossen die Spenden; niemand schloß sich aus. Man merkte es den Bürgern an, sie waren stolz auf ihre Choristen.

Und dieser Stolz schien mir sehr berechtigt. Glockenreine Intonation und vorzügliche Textaussprache bekundeten die Kerlchen, die überhaupt mit einer Bravour ins Zeug gingen, daß einem das Herz im Leibe hüpfte vor Freude. Der kleine Präfekt waltete mit einer Umsicht und Sicherheit seines Amtes, als habe er mindestens 10 Jahre lang den Thomanerchor in Leipzig dirigiert. Das Auftreten der Knaben gereichte dem Leiter des Chores, Herrn Kantor Viertel, zu einer ganz besonderen Ehre.

Echte Weihnachtsstimmung hatte die Sängerschar unter die Gäste gebracht. Wer hörte nicht gern Kindergesang, noch dazu am Weihnachtsfeste? Alte Grauköpfe wurden redselig und tischten ihre Jugendgeschichten auf. Eine Anzahl Schneeberger Schlittengäste verlangte immer und immer wieder nach neuen Liedern. Gute Einnahmen mögen die Knaben erzielt haben.

In Eibenstock besteht schon seit langer Zeit die Sitte, daß die Chorschüler alljährlich am 3. Feiertag und darauf von Haus zu Haus singen gehen.

Die Einnahme fließt als Entschädigung für kirchliche Jahresleistungen der Chorkasse zu und wird durch den Kantor zur Verteilung gebracht. Ein gar wichtiges Ereignis, das die Brust höher schwellen macht. Um ein „Massengeschäft" zu erzielen, ist es den Choristen – aber nur den älteren – erlaubt, gegen Abend in den öffentlichen Lokalen zu singen. Und überall sind sie herzlich willkommene Gäste.

Ich denke noch mit großer Verehrung an den Leiter meiner Chorzeit. Damals war der Kantor der nun selige Herr Ludwig. Der Chor bestand aus etwa 30 Knaben. Schon bei den achtjährigen traf der vorsichtige Kantor seine Auswahl; denn: „Konnten sie auch nicht blasen, so bliesen sie doch einigermaßen!" Es galt für eine Ehre, dem Chore angehören zu dürfen. Kantor Ludwig hatte einen sicheren Blick bei der Auswahl seiner Zöglinge. Nebst gutem musikalischem Gehör war „sittlich gut" die Hauptsache. Und der Herr Kantor war innerhalb der Bevölkerung so wohl unterrichtet, daß er unfehlbar diejenigen Leute herauszufinden wußte, deren Sprößlinge seinen Wünschen entsprachen.

Jede Woche gab es für die Chorschüler eine besondere Singstunde, bei Annäherung der Festzeiten mehrere. Im Winter wurde abends 8 Uhr im Zimmer 13 in der Schule geübt. Das Hauptereignis für die Choristen bildete der alljährliche Weihnachtsumgang in der Stadt. Vier Wochen vorher wurden Singstunden in den Wohnungen der Schüler abgehalten. Diesen Übungen wohnte der Kantor nicht bei, sondern die beiden Stimmersten hatten die Leitung inne. Für das Weihnachtssingen wurden 20–24 Knaben bestimmt. Bis gegen 11 Uhr dauerte eine solche Singstunde. Manchmal inspizierte der Herr Kantor. Ohne Bier oder Kaffee, Grog oder Schokolade ging ein solcher Abend nie vorüber. Am 3. Feiertag früh $1/2$ 9 Uhr begann der Umgang. Zwei Schüler trugen eine verschließbare Büchse. Beim Herrn Pastor und Herrn Diakonus begann man. Gesungen wurden für gewöhnlich 2 Lieder, in allen Ortsteilen. Der Empfang fiel recht verschiedenartig aus. Oft welche Freundlichkeit bei armen Leuten! Ich glaube, mitunter wurden die letzten Pfennige für die „Singgunge" zusammengesucht. „Wenn man betteln geht, merkt man sich die Häuser." So war es auch hier. In manchen Häusern wurde erst angefragt, ob wir singen dürften. Oftmals wurde uns auch grob die Tür gewiesen; einmal sogar vom stellvertretenden Organisten, am 3. Feiertag früh. Er erschien im Schlafrock und „pelzte" die „verdammte Bettelsängerei" die Treppe hinunter. Der Herr kannte als Neuling die Einrichtung nicht. Der Herr Kantor lachte höchst ergötzt über den Vorgang. Der Herr Organist aber machte sich uns durch nachträgliche gute Spende wieder gewogen.

Die Beträge, welche verabreicht wurden, schwankten von einem Taler (selten!) bis herab zum „Dreier". Und welch schöne Münzsorten, wieviel „loses" Geld fand sich beim Zählen. Die Gesamteinnahme betrug gewöhnlich 32–36 Taler.

Das große Ereignis bildete, wie schon erwähnt, die Verteilung durch den Kantor. Die beiden Ersten erhielten je drei Taler; es stufte sich herab bis zu 15 Groschen. Meist hatten dann die Sänger noch ein fröhliches Zusammensein, wobei sich viele ihrer Leistungen rühmten: Wer am meisten heiser war, hatte natürlich am meisten geleistet!?

Weiß nicht, obs anders worden in dieser neuen Zeit.

Inzwischen ist die Zeit eine „noch neuere" geworden, und es hat sich auch im eben Geschilderten manches geändert. Geblieben ist in verschiedenen Dörfern und Kleinstädten im Erzgebirge die Gepflogenheit, daß die Kurrende und der Posaunenchor am Nachmittag des Heiligen Abends an öffentlichen Plätzen, gern auch beim da aufgestellten Weihnachtsbaum, singen und musizieren. So hat es z. B. der Autor selbst alljährlich in dem bei Aue gelegenen Zschorlau erlebt. Dort war auch bis in die jüngste Zeit das Singen freiwilliger kirchlicher Helferinnen im Verlaufe des Heiligen Abends bei Kranken und Alten Gepflogenheit.

Das „Fest des geborenen Kindes"

In seinem 1922 in einem Dresdner Verlag erschienenen Buch „Kursächsische Streifzüge", 5. Band: „Aus dem Erzgebirge", beschreibt der Lehrer und Gymnasiumsrektor Otto Eduard Schmidt – er wurde 1855 in Reichenbach im Vogtland geboren und ist 1945 in der Bombennacht in Dresden umgekommen – u. a. auch die erzgebirgische Weihnacht „in früherer Zeit" wie auch in den 20er Jahren unseres Jahrhunderts.

Von den Festen, die den Jahreslauf bekränzen, steht dem Erzgebirgler das Weihnachtsfest am höchsten. Er nennt es mit sinniger Anschaulichkeit

„Bornkinnel", d. h. das „Fest des geborenen Kindes". Der Bergmann und der Waldarbeiter schnitzten in alter Zeit selbst aus Holz in schlichter Kunst die Gestalten, die zur Veranschaulichung der heiligen Geschichte nötig waren, und stellten sie in einer Ecke der Stube auf. Über ihnen leuchtete der hölzerne buntbemalte und zinnerne Kronleuchter oder die Pyramide. Es war der Stolz der Familie, eine möglichst große und schön ausgeführte „Krippe" zu besitzen. In neuerer Zeit ist statt der Krippe und der Pyramide mehr und mehr der Christbaum aufgekommen. Aber in manchen alten Familien werden alle drei Symbole der Weihnachtszeit: Krippe, Pyramide und Christbaum nebeneinander aufgestellt. Die Lichter waren noch vor 50 Jahren meist aus Talg gegossen und mit bunten Tupfen, Blumen und Sprüchen bemalt. Ich selbst habe als Kind bei unserm Hauswirt, einem Seifensieder, auf die weißen Lichter mit einem Holzstäbchen Tropfen von heißem, rot, grün oder blau gefärbtem Talg aufgetragen, die dann zu schönen farbigen Perlen erstarrten. Der Baum war mit vergoldeten Äpfeln und Nüssen, mit Zuckerwerk, Sternen und Netzen behangen, die kunstvoll aus buntem, silbernem und goldenem Papier geflochten und geschnitten waren. Die Pyramide, über einem Paradiesgarten erhöht, in dem sich Hirsche und Rehe und allerlei zahmes Getier zwischen Waldbäumen tummelten, drehte im Glanze und in der Wärme der aufgesteckten Lichter nicht nur ihre goldenen Flügel, sondern auch die wie Stockwerke darunter angebrachten Pappscheiben, auf denen sich die Heilige Familie, die drei Könige aus Mohrenland, Soldaten, Reiter, Bergmannszüge, kurzum eine ganze Welt von Tieren und Menschen darstellte, die an der Menschwerdung Gottes teilnahm. Die unter dem Christbaum ausgebreiteten Geschenke waren in früherer Zeit sehr bescheiden: ein Kleidungsstück für die Großen, ein Spielzeug für die Kleinen. Das eigentliche Festliche war die Fülle des Lichtes: Es überwand das starre Dunkel der Winternacht, es entschädigte den Bergmann für die in der Grube ausgestandene Finsternis, es leuchtet jedem, der in seiner Jugend im Erzgebirge Weihnachten gefeiert hat, mit unvergänglichem Glanze bis ans Ende seiner Tage.

Über dem tiefern Sinn des Ganzen wurde das gemeinhin Menschliche: Scherz und Spiel, Essen und Trinken nicht vergessen. Schon unter dem Lichterbaum lagen bestimmte Leckereien. Im Verlauf des Festes spielten uralte Volksgerichte eine große Rolle. Auf den Dörfern stand eine Semmelmilch den ganzen Tag auf dem Tische, in der Stadt war in meiner Jugend am

Weihnachts-Heiligabend ein Heringssalat und danach Stollen mit Rotweinpunsch sehr gebräuchlich. Am ersten Feiertag früh um 5 Uhr fand die Weihnachtsbescherung bei denen statt, die nicht schon am Heiligabend beschert hatten. Um 6 Uhr strömte alles mit Lichtern und Laternen zur hellerleuchteten Kirche; die Puppen und Christengel, die Bergmannsleuchter und Nußknacker wurden von den Kindern mitgeschleppt, der ganze Kirchenraum war mit einem mystischen Graublau erfüllt, das sich aus gefrierendem Hauch, dem Duft von Räucherkerzchen und dem Qualm der Talglichter zusammenmischte. Der höchste Augenblick war nicht die kurze Predigt des Geistlichen, sondern die „Weissagung" oder der Choral „Vom Himmel hoch da komm ich her", den eine silberne Sopranstimme aus der unsichtbaren Nische hinter der Orgel oder gar aus dem Schalloche des Kirchenbodens sang. Diesem in atemloser Spannung aufgenommenen Gesang lag die Vorstellung zugrunde, als ob wirklich ein Engel vom Himmel dem Volke die frohe Botschaft überbringe.

Zu Mittag am ersten Feiertage war die mit Äpfeln und Beifuß gefüllte Gans, am zweiten Feiertage in wohlhabenden Häusern ein Hasenbraten oder ein mit Butter gesottner Karpfen die unerläßliche Grundlage der Feststimmung. Denn man darf nicht glauben, daß die erzgebirgische Küche, wenn man von den allgemeinen „Hungerjahren" wie 1847 absieht, so nach Armut und Verelendung roch, wie man es nach wehleidig geschriebenen Stimmungsbildern schließen könnte.

O. E. Schmidts Schilderungen lassen einen Wandel zu wirtschaftlicher Besserung erkennen. So auch, wenn er aus der Sicht der 20er Jahre schreibt: „Und vollends heute ist die erzgebirgische Küche und Bäckerei so gut und gediegen, daß sie mit keiner andern den Vergleich zu scheuen braucht." Was inzwischen längst keine Frage mehr ist. „Lukullisch" unterscheidet sich die erzgebirgische Weihnacht heute durch nichts mehr von der anderer Landstriche. Um so mehr freilich mit den ihr gebliebenen Bräuchen, mit der vielfältigen Art ihres Schmuckes, ihres festlichen Gewandes, ihrer Lichterfülle und der ihr innewohnenden Herz und Gemüt beseligenden Innigkeit.

Die schreckliche Weihnacht anno 1632

So ist es zu Weihnachten im Kriegsjahr 1632 in dem Städtchen Elterlein im Erzgebirge zugegangen. Es ist nur eine kleine Stadt, aber sie ist bekannt und berühmt geworden als der Geburtsort Wolfgang Uhles, des nachmaligen „Pestpfarrers" von Annaberg, und der Barbara Uttmann, der Förderin des erzgebirgischen Klöppelwesens. Zur Zeit dieser Geschichte war Theodosius Lehmann Pfarrer in Elterlein. Er war der Vater des dann viele Jahre in Scheibenberg tätigen Pfarrers und Chronisten Christian Lehmann. Dieser berichtete von seinem Vater, daß er mit seinen Pfarrkindern schwer unter den Stürmen des 30jährigen Krieges zu leiden hatte. Als er einmal vor den Soldaten geflohen war, dann zurückkehrte, sank er, als er sein Pfarrfeld erreicht hatte, durch einen plötzlichen Schlagfluß nieder, 62 Jahre alt, „daß er also mußte tod nach Hause getragen werden". 1632 war die Sache mit den Schweden geschehen, als der gefürchtete General Holck in Pfarrer Lehmanns Gemeinde einbrach.

Es war am Heiligen Abend des genannten Jahres. Das Gotteshaus zu Elterlein war bis auf den letzten Platz gefüllt. Als Pfarrer Lehmann die Weihnachtsgeschichte verlas, über die er zu predigen gedachte, und an die Stelle kam: „Siehe, ich verkündige euch große Freude, die allem Volk widerfahren wird; denn euch ist heute der Heiland geboren ...", ging lautes Schluchzen durch die Gemeinde, so daß er mit Lesen innehalten mußte. Denn sie wußten alle, daß ihnen alles andre als Freude bevorstand. Am Morgen war Kunde vom nahen Städtchen Scheibenberg gekommen, daß die Schweden in der Stadt seien und dort wie die wilden Tiere hausten. Es würde nicht lange dauern, und sie würden sich nach Elterlein wenden. Trotz der drohenden Gefahr waren die Bürger von Elterlein ins Gotteshaus gegangen, ausgenommen die Alten und Gebrechlichen, die in den Häusern geblieben waren. Aber *das* hatte man getan, fürsorglich meinend, daß man damit die drohende Gefahr abwenden könnte: An den Eingängen zur Stadt waren Wächter aufgestellt.

Die Predigt, die der Pfarrer seiner Gemeinde hielt, war keine Weihnachtspredigt, wie er sie in friedlichen Jahren zu halten pflegte. In dieser Stunde war mehr als die Botschaft von dem Kind im Stalle, dem Jubellied der Engel und dem Lobpreis der Hirten vonnöten. Er sprach von der Freude und dem Trost, die der Christ an dem gekreuzigten und auferstandenen, dem lebendigen und allezeit gegenwärtigen Herrn hat. Er sprach von den Jüngern und ihrer Sturmfahrt über den See Genezareth, von dem Lahmen an der Schönen Tür des Tempels, von den Aposteln und ihren Leiden, ihrem Zeugenmut vor dem Hohen Rat, vor den Königen und Landpflegern und legte das alles seinen Zuhörern als gute Beispiele dafür an die Herzen, wie sie mit zuversichtlichem „Dennoch" auch ihrer Not Herr werden könnten. Als er seinen eigenen Worten die lieblichen und zugleich glaubensstarken Verse des Lutherliedes anschloß: „Das ewig Licht geht da herein, gibt der Welt ein' neuen Schein; es leucht' wohl mitten in der Nacht und uns des Lichtes Kinder macht", da sprangen alle von ihren Plätzen auf – was noch nie geschehen, soweit die Gemeinde zurückdenken konnte – und stimmten, noch bevor die Orgel einzusetzen vermochte, in die weiteren Verse dieses Liedes ein: „Der Sohn des Vaters, Gott von Art, ein Gast in der Welt hier ward und führt uns aus dem Jammertal, er macht uns Erben in seim Saal. Kyrieleis!"

Doch schon als sie sangen: „Er ist auf Erden kommen arm, daß er unser sich erbarm ...", kamen zwei der Wächter, die an den Eingängen zur Stadt gestanden, in die Kirche gestürzt. Sie liefen zum Altarplatz, der Gesang verstummte sogleich, und Matthies, der Totengräber, einer der Wächter, rief: „Die Schweden! Die Schweden sind da!" Man hatte es erwartet. Niemand rannte davon. Die Frauen begannen erneut zu weinen. Gleich auch schluchzten die Kinder, und dann vermochten auch viele der Männer sich nicht mehr der Tränen zu erwehren. Dann aber sanken sie alle auf die Knie, und der Pfarrer sprach den Segen über sie. Anfangs zitterte seine Stimme. Doch als er bei den Worten: „... und gebe euch seinen Frieden!" angelangt war, klang sie kraftvoll wie immer. Die Gemeinde erhob sich und verließ, ohne daß auch nur einer drängte und schob, das Gotteshaus.

Theodosius Lehmann hatte damals einen Hilfsgeistlichen namens Johann Teuchert. Der nahm ihm, als er sich auskleidete, den Talar ab mit der bangen Frage: „Was nun, Herr Pfarrer?"

Der Pfarrer drehte sich langsam zu dem jungen Mann um: „Ich hoffe, du hast mir zugehört?" Er duzte seinen Amtsbruder; denn Teuchert war der Sohn eines seiner Studienfreunde.

Teuchert erwiderte: „Das habe ich, und ich habe selten eine so ermutigende Weihnachtspredigt gehört wie soeben die Eure!"

Pfarrer Lehmann lächelte ihm zu und sagte: „Dann weißt du, *was nun!*

Gott schenke mir und dir die Kraft dazu! Ich nenne mich zuerst; denn es wird keine Ehre dabei zu gewinnen sein, und noch weiß ich nicht, wer von uns beiden der größeren Kraft bedürfen wird!"

Noch waren, als dieses Gespräch geführt wurde, die Schweden nicht da. Ihre Vorhut kam von Scheibenberg her herangezogen, lärmend und schreiend, als hätte sie soeben eine große Schlacht siegreich geschlagen. Im Städtchen angekommen, verhielten sich die Schweden wider Erwarten ruhig. Die Straßen waren leer, die Haustüren verschlossen und von innen verbarrikadiert. Die Soldaten zündeten auf dem Marktplatz ein Feuer an. Das Holz dazu entnahmen sie einem eigens hierfür mitgebrachten Sack, den sie von einem kleinen Pferdewagen herunterwarfen. Doch schien der vorhandene Holzvorrat nur gering zu sein; denn bald, nachdem das Feuer entzündet war, schlugen zwei der Soldaten einen nahen Gartenzaun entzwei und warfen die Stangen ins Feuer. Gegen Mittag kündeten Trompetenstöße den eigentlichen Schwedenzug an. Da war es, als habe die Posaune Gottes zum Jüngsten Gericht geblasen. Vorsichtig und feige war der Vortrupp gewesen. Darum seine Zurückhaltung. Jetzt wußten sich die Soldaten wieder in der Übermacht. Kaum daß die Schweden wie die wild gewordenen Wogen des Sees Genezareth, von denen der Pfarrer in seiner Weihnachtspredigt gesprochen hatte, in die Stadt geflutet waren, dröhnten auch schon ihre Gewehrkolben an die Türen und Fensterläden. Die ersten Schreie von mißhandelten Frauen, Kindern und Männern erklangen, wuchsen bald zu einem vielhundertfachen Wehklagen, Weinen und Brüllen an. Aus den Fenstern und Türen flogen Möbelstücke, Betten, Geschirr und anderes Hausgerät auf die Straßen. Ein Plündern, verbunden mit grausamen, unmenschlichen Mißhandlungen, wie es die Stadt noch nicht erlebt hatte, begann und währte bis tief in die Nacht hinein. In die Heilige Nacht, da man sonst still und friedevoll das Wunder von Bethlehem festlich begangen ...

Drei Tage blieben die Schweden in Elterlein, aßen und tranken, was sie an Eß- und Trinkbarem fanden, vergewaltigten und quälten, was ihnen an Menschlichem unter die Hände kam. Fast schien es, als wollte das alles kein Ende nehmen. Da hörte man erneut Trompetensignale. Die Kaiserlichen rückten heran, lieferten den Schweden, die ihnen entgegenzogen, vor der Stadt ein blutiges Gefecht und schlugen diese in die Flucht. In den letzten Tagen des scheidenden Jahres waren die Soldaten des kaiserlichen Befehlshabers Holck die Herren der kleinen Stadt. Sie hielten es nicht anders als vor ihnen die Schweden. In diesem elenden Krieg gab es keine Freunde und Feinde, nur Schinder der armen Bürger und Bauern.

Im Hause des Stadtrichters kam es zu einem hitzigen Wortgefecht zwischen dem ergrauten Richter und dem Holckschen Regimentsoberst Tulpiner. Der Richter hatte sich schützend vor seine beiden erwachsenen Töchter gestellt, die von zwei kaiserlichen Soldaten bedrängt wurden. Der herbeigerufene Regimentsoberst hatte für des Richters Beschwerde nur ein höhnisches Achselzucken. „Geh zur Seite, Alter!" schrie er den Richter an. „Hier spricht der Kaiser Recht, nicht mehr du!" Rohes Lachen dröhnte darüber durch das Haus, und als der Richter dennoch nicht aus der Tür wich, die in die Stube seiner Töchter führte, zog Tulpiner kurzerhand den Degen und schlug dem Richter ein zwei Finger tiefes Loch in die Hirnschale.

Zur gleichen Stunde brach eine Horde Soldaten auch in das Pfarrhaus ein. Der Pfarrer stellte die Plünderer wegen des Vorfalls im Hause des Richters, davon er soeben Kunde erhalten hatte, zur Rede und verwies die Eindringlinge und ihre Gesellen auf ihre Christenpflicht, sich zu mäßigen und menschlich mit den Bürgern zu verfahren. Was zur Folge hatte, daß auch er gröblich mißhandelt wurde, so daß er auf lange Zeit danach sein Amt nicht verrichten konnte.

Johann Teuchert, des Pfarrers Hilfsgeistlicher, besaß nicht die Kraft, den Wüstlingen zu widerstehen. „Ich kann nicht! Ich habe Angst! Verzeiht mir! O Gott, vergib es mir auch!" war das Letzte, was Pfarrer Lehmann von ihm hörte. Er war schon unter der Tür, durch die er flüchten wollte, als er es sagte. Draußen lief er einem weiteren Trupp der Holckschen Soldaten in die Hände. Es gab ein kurzes Handgemenge. Dann fiel der Säbelhieb, der des jungen Pfarrers Kopf bis auf die Nase spaltete. Sein Blut spritzte in weitem Bogen über den Kirchhof. Außer Teuchert wurden in jenen Tagen in dem Städtchen Elterlein 18 Menschen ermordet, 43 tödlich verwundet. Und war doch Elterlein nur *ein* Ort auf der blutgetränkten Erde jener Jahre. Glühend rot ging die Sonne unter, als die Holcksche Soldateska in den ersten Tagen des neuen Jahres, Trümmer, Elend, Kummer und Not zurücklassend, aus der Stadt abzog.

Trotz allem ungebeugt war der Lebensmut des Pfarrers Theodosius Lehmann. „Wir sind durch Feuer und Wasser gegangen", tröstete und ermutigte er seine Gemeinde, „aber wir sind weder verbrannt darin noch ersoffen." Es war viel Gottvertrauen in ihm, und er verstand es, seine Glaubenszuversicht an die ihm Anvertrauten weiterzugeben. Bis er, wenn auch nicht unmittelbar, so aber doch an der Grausamkeit seiner Zeit gestorben.

„Gib uns Frieden jeden Tag!
Laß uns nicht allein.
Laß es dir nicht über werden,
stets bei uns zu sein.
Denn nur du, unser Gott,
denn nur du, unser Gott,
hast die Menschen in der Hand.
Laß uns nicht allein."

„Selig sind, die Frieden stiften; denn sie werden Gottes Kinder heißen!" spricht Jesus Christus, der Herr (Mt 5, 9).

Und Paulus, der Apostel: „Laßt uns dem nachstreben, was zum Frieden dient!" (Röm 14, 19)

Es war wieder zur Weihnachtszeit, der des Jahres 1648, da Frieden wurde und in Elterlein, Scheibenberg und den anderen Städten und Dörfern im Lande auf Anweisung des Konsistoriums am 2. Advent, dem 10. Dezember, „die Danksagung wegen der Traktation des Friedens abzulesen und nach der Predigt das Tedeum laudamus zu singen" war, wie es in der amtlichen Verlautbarung hieß.

Weihnachtslegende

Im lichten Glanz von tausend Sternen
geht still die heil'ge Nacht durchs Land.
In allen Häusern brennen Kerzen,
singt's, lacht's und klingt's. Die Zeit trägt Festgewand.

Das ist ein fröhlich', glückvoll' Leben,
ein Jubel sel'ger Weihnachtszeit.
Und alle, die beglückt sich lieben,
sind heut zu jeder Liebestat bereit.

Zu jeder? Ohne ein Bedenken?
Auch einer, die ein Opfer wär?
Ach, Liebe hat so schwache Hände,
und oft, nur oft fällt ihr der Dienst gar schwer.

Im lichten Glanz der tausend Sterne
stapft müden Schritts ein Mensch durchs Land.
Er führt mit seinen schwiel'gen Händen
ein altes, träges Roß am Halfterband.

Drauf hockt, gehüllt in Tuch und Schale,
ein Weib, noch jung und zart und schön.
Im lichten Glanz der tausend Sterne
ist gleißend weiß ihr Angesicht zu sehn.

Sie ziehen langsam ihre Fährte
und schaun nach einer Herberg' aus.
In allen Häusern brennen Kerzen,
und frohes Lachen dringt aus jedem Haus.

Im lichten Glanz von tausend Sternen
geht still die heil'ge Nacht durchs Land.
Die zwei mit ihrem Rosse wandern
und suchen eine liebbereite Hand.

Im ersten Haus, an das sie klopfen,
verstummt sogleich der Freude Klang –
und Mann und Weib und Roß, sie warten,
sie stehen vor dem Tor und warten lang.

Im andern löschen sie die Lichter,
als dort der Wandrer Ruf erklingt.
Die drinnen sind zur Ruh gegangen,
und an ihr Ohr kein flehend' Rufen dringt.

Im lichten Glanz von tausend Sternen
ziehn Mann und Weib und Roß dahin.
Im dritten Haus, an das sie pochen,
da wohnen fromme Christenleute drin.

Und eilig öffnen sich die Tore.
Der Mann, erfreut, erklärt geschwind:
„Wir hatten eine weite Reise,
ach, herbergt uns, sie trägt ihr erstes Kind!"

Als die, die ihm geöffnet, schweigen,
fügt ängstlich bittend er hinzu:
„Sie wartet bald auf ihre Stunde,
ach, gute Leut, gönnt uns zur Nacht die Ruh!"

Im lichten Glanz von tausend Sternen
geht still die heil'ge Nacht durchs Land.
Und dennoch spricht ein harter Mund:
„Uns fehlt der Platz und für das Pferd der Stand!

Vielleicht, daß ihr beim Nachbarn klopfet,
die Nachbarsleute, die sind reich!"
Und knarrend schließen sich die Tore.
Des Weibes Stirn ist wie der Schnee so bleich.

Der reiche Nachbar drüben jammert:
„Was ihr euch denkt! Zur heil'gen Nacht!
Mein Haus ist voller Freunde, Gäste –
es geht nicht, nein!" Und er schließt zu und lacht.

Im lichten Glanz von tausend Sternen
stapft müden Schritts ein Mensch durchs Land.
Er führt mit seinen schwiel'gen Händen
ein altes, träges Roß am Halfterband.

Drauf hockt, gehüllt in Tuch und Schale,
ein Weib, das lautlos Tränen weint.
Im lichten Glanz von tausend Sternen
den müden Wanderern kein Lichtlein scheint.

Legende nur, gewagt ersonnen?
O wär's doch so und gäb es nicht,
was da geschieht, was die begehren
und was der Mund der andren herzlos spricht!

Und doch: So kommt er zu den Seinen!
Und nehmen immer sie ihn auf?
Im lichten Glanz von tausend Sternen –
o ging uns doch das Licht der Sterne auf!

„Stern, auf den ich schaue"

An manchen der Weihnachtsfeste, die ich erlebt habe, sind die Gedanken mehr als an anderen hängengeblieben. Vor allem an einem. Und eben dieses ... Es will mir selber schwer in den Sinn, daß es zu meinen schönsten Weihnachten gehört. Aber wenn ich sie alle überdenke ... Ich komme nicht los von diesem einen, obwohl ich mir ein solches nicht noch einmal wünsche.

Es war die erste Weihnacht, die ich nach der kurz zuvor erfolgten Rückkehr aus der Kriegsgefangenschaft erlebte; es war die erste Nachkriegsweihnacht überhaupt. Ich war wieder daheim, bei Frau und Kindern, bei meiner Gemeinde. Wir durften das erste Mal wieder bei nicht mehr verdunkelten Fenstern um den Kerzenschein geschart beisammen sein. Kalt war es in der Kirche, aber die Herzen waren doch wundersam warm. Verhärmt sahen viele der Gesichter aus und waren doch freudeüberstrahlt. Hunger sprach aus ihren Augen, aber geradezu sichtbar auch ein anderer: der nach dem Trost des Wortes Gottes. Menschen sah man sitzen, die man zuvor nie oder nur selten in der Kirche gesehen hatte. Der solcherart gegebene „Rahmen" dieser Weihnachtsfeier prägte auch die Verkündigung, ließ die nur allzu vertraute, oft gepredigte und gehörte Weihnachtsbotschaft verständlich werden wie kaum ein andermal zuvor. Man sah sich in die Armseligkeit des Stalles von Bethlehem hineingenommen, war man doch selbst ein Armseliger, dem Leiblichen und der Seele nach. Aber man begriff gerade so und deswegen den Reichtum der Liebe Gottes, der im Kind in der Krippe zu uns gekommen ist.

„Man" sage ich, weil sich danach herausstellte, daß es vielen andern ebenso ergangen war wie mir. Am liebsten hätten wir das aus Kindertagen vertraute „Stern, auf den ich schaue ..." gesungen – einer aus buntem Papier hing seitlich des Altars – mit dem so ehrlich-wahren Zeugnis: „Nichts hab' ich zu bringen, alles, Herr, bist du!" Weil uns das in jenem Gottesdienst deutlicher denn je aufgegangen war: daß wir arm waren, mit leeren Händen dastanden, in die Tiefe menschlichen Leides geführt, und eben da vernehmen durften, daß dennoch Liebe Gottes für uns da war, groß, unbegreiflich groß, Zeit und Ewigkeit umspannend. Aber das sagten uns auch die alten Weihnachtslieder. Auch in ihren uns allen bekannten Worten und Weisen leuchtete das wunderhelle Licht des „Sternes" vor uns auf.

An diesem Abend standen vielen im Gotteshaus die Tränen in den Augen. Auch mir selbst. Ich schämte mich ihrer nicht. Als ich dennoch am Ende des Gottesdienstes, als ich am Ausgang die Besucher verabschiedete, eine Frau fragte, deren Gesicht noch immer tränenüberströmt war: „Warum weinen Sie denn?", war die Antwort, die auch ich mir selbst hätte geben müssen: „Ich weine ja gar nicht, ich freue mich doch."

Linie 11

Wahrscheinlich schien es ihnen nur so, der Wagenführerin wie auch dem einzigen Fahrgast, einer älteren Dame, daß die Wagen der Straßenbahnlinie 11 die Anhöhe, die sie zu den letzten Stationen vor der Endhaltestelle zurückzulegen hatte, geradezu hinaufjagten. Als wollten sie der Dunkelheit, die sie umgab – die Anhöhe führte durch ein unbewohntes Waldstück –, entfliehen. Oder war es mehr als das: daß sie dem Tag, *diesem* Tag, und der Einsamkeit, die ihm jetzt anhaftete, entrinnen wollten?

Es war Heiliger Abend. Letzte Einkäufe wurden besorgt. Den Menschen waren Freude und Hast gleichermaßen in die Gesichter geschrieben. Am Nachmittag ließ der Fahrbetrieb nach, versickerte merklich. In den Häusern leuchteten die Lichter auf. Der Heilige Abend in seiner eigentlichen Feierlichkeit brach an.

Fast mechanisch trieb Frau Lena den Wagenzug von Station zu Station. Sinnlos eigentlich, zu halten! Niemand wartete zum Zusteigen, die Dame im Wagen rührte sich nicht von ihrem Sitz. Frau Lena sah müde aus. Weniger von der Arbeit, müde von innerer Traurigkeit. Sie hatte die Schicht übernommen, weil nur das, der Dienst, sie vor noch größerer Wehmut bewahrte. Das Jahr war kummervoll gewesen. Der Mann war ihr davongelaufen, das Kind, ein Mädchen von zehn Jahren, gestorben. Sie hatte in der Vergangenheit nichts für sie sonderlich Bedrückendes erlebt. Das Gute hatte sie gedankenlos hingenommen. Dann war dieses beides gekommen. In kürzestem Zeitraum zwei harte Schicksalsschläge. Mit einemmal war sie allein gewesen. Was sollte das für sie: Heiliger Abend, Weihnachten? Was sollte sie anfangen damit?

Die Anhöhe durch das Waldstück war zurückgelegt. Wieder fuhr die Bahn durch bewohntes, doch zu dieser Stunde auf der Straße so gut wie menschenleeres Gebiet. Die alte Dame saß noch immer im Wagen. Nur ein paar Sitze hinter dem Fahrerstand.

Die Endhaltestelle war erreicht. Frau Lena stieg aus, um sich die Füße ein wenig zu vertreten. Auch die alte Dame war ausgestiegen. Frau Lena sprach die Dame an: „Hier ist Endhaltestelle. Wenn Sie weiterwollen, müssen Sie zu Fuß gehen."

„Ich weiß", sagte die Frau. „Aber ich will gar nicht weitergehen. Wann fahren Sie zurück?"

„In zehn Minuten", erwiderte Frau Lena, nicht wenig über den seltsamen Fahrgast verwundert, den sie befördert hatte. Fuhr einfach, ohne Ziel und Absicht, mit der Bahn bis zu deren letzter Haltestelle, nur um wieder mit ihr zurückzufahren. Und das am Heiligen Abend! Aber da sprach die Frau die Fahrerin wieder an: „Nicht eben der schönste Dienst, nicht wahr? An so einem Abend wie diesem . . ."

„Jemand muß ihn ja tun", antwortete Frau Lena. Das andre dachte sie nur: Und wenn nur dazu, um so komische Leute zu befördern, wie offenbar du es bist.

„Haben Sie Familie?" fragte die Frau. „Ich meine . . . Kinder, die zu Hause auf Sie warten?"

„Ich habe niemand, der auf mich wartet." Es klang hart und bitter. Frau

Lena gab nur widerwillig Antwort. Aber dann geschah etwas Unerwartetes, das Frau Lena wie einen plötzlichen Überfall empfand:

„Wollen Sie zu mir kommen, wenn Ihr Dienst zu Ende ist?" fragte die Frau. Und zaghaft, es klang wie eine Bitte, fügte sie hinzu: „Weil ich auch allein bin. Ganz allein. Es ist alles hergerichtet. Sie brauchen nur ja zu sagen und zu kommen."

„Aber ..." Frau Lena fand kein anderes Wort als dieses nichtssagende eine.

„Daß Sie mich doch gar nicht kennen, wollen Sie sagen. Oder: Wie ich dazu komme, Sie einzuladen. Vielleicht auch: Was mir einfällt ... Aber ich sagte es ja schon: Weil ich allein bin und es *nicht sein möchte.* Wenigstens an diesem Abend nicht. Darum habe ich mich auch in die Bahn gesetzt und bin mit ihr quer durch die Stadt gefahren. Durch die Stadt, in der alle Leute fröhlich sind. Nur ich nicht. Das heißt, Sie, wie es aussieht, wohl auch nicht. Meinen Sie nicht, daß wir es miteinander sein könnten? Auch wenn wir uns nicht kennen. Aber wir würden uns ja kennenlernen, wenn Sie ja sagten und mitkämen!"

Es war eine lange Rede, die die alte Dame hielt. Frau Lena fand Zeit, mit beidem, der Rede wie der Frau, und mit sich selbst zurechtzukommen. Einigermaßen wenigstens. Sie wußte nicht, was sie davon halten und der Frau antworten sollte. Der mochte ihr Zögern zu lange währen. „Sagen Sie ja", bat sie noch einmal, und sie nannte ihre Adresse.

„Ich werde kommen!" sagte Frau Lena schließlich. Es war ihr, als ob sie es sagen *müsse.* Der Frau zuliebe. Und sich selbst zuliebe. Es war plötzlich Freude in ihr da. Keine überschwengliche, aber doch Freude. Der Abend hatte seine Trostlosigkeit – für sie, Frau Lena – verloren. „Ich werde kommen", sagte sie noch einmal, „und ich danke Ihnen dafür. Aber jetzt müssen wir fahren."

Leuchtend standen die Sterne über der Stadt. Die Glocken der Kirchen begannen zu läuten. Wenn die Bahn an den Haltestellen hielt, wo noch immer kaum jemand zustieg, konnten die Frauen die Glockenklänge hören. In den Gotteshäusern würden die Menschen beieinander sitzen und die Weihnachtsbotschaft vernehmen: das Wort von der Liebe Gottes, der „seinen eingeborenen Sohn gab", jener unfaßbar-wunderbaren Liebe, die, gehört, vernommen und angenommen, Widerhall im Menschenherzen hervorrufen möchte.

Der Gabentisch war leer

Der Vater war schon ein Schelm. Er verstand auch Freude mit zwinkerndem Auge zu präsentieren. „Warum denn nicht!" pflegte er zu sagen. „Ich will doch auch was davon haben!" Von der Fröhlichkeit, die Freudeschenken bereiten kann, meinte er. So war es auch an jenem Weihnachtsheiligabend, als Christophs Gabentisch als einziger der den Kindern bereiteten – fünf gab es in der Familie, drei Mädchen und zwei Jungen – leer blieb. Es war wie alle Jahre: Trubel, Aufregung, Vorfreude. Was würde der Abend bringen? Kaum, daß man ihn erwarten konnte. Pünktlich um sechs, wie es Gepflogenheit war, saß die Familie an der Festtafel. Einer bescheidenen, wie bei so vielen Essern nicht anders zu erwarten, aber der Teller doch reichlicher als sonst gefüllt. Man verlor sich nicht daran. Denn was danach kommen würde, war das „Eigentliche" des Abends: die Bescherung. Aber der Vater ließ sich Zeit damit, sosehr auch die Kinder unruhig auf ihren Plätzen hin und her rutschten. „Wie immer", sagte er und griff nach der Bibel, las daraus die Weihnachtsgeschichte im Lukasevangelium vor, langsam, bedächtig, ab und zu eine Erklärung einflechtend. Es war Familientradition: Beim Heiligabendessen, manchmal zuvor, manchmal danach, wurde die Weihnachtsbotschaft gelesen. Es hätte ja die Feier, die ganze Festlichkeit dieses Tages und der folgenden nicht gegeben und die so sehnsüchtig erwartete Bescherung erst recht nicht, wäre nicht das gewesen, was in der Bibel stand und der Vater vorlas. Er versäumte nicht, auch das den Kindern immer wieder zu sagen. Aber schließlich waren doch das Essen und die Andacht vorüber. Rasch wurde der Tisch abgeräumt. Die Mädchen, die beiden „Großen", schon vierzehn und dreizehn, machten sich in der Küche mit dem Aufwasch zu schaffen. Die andern halfen, soviel sie Lust dazu hatten, oder verkrochen sich in eine Zimmerecke, abschiednehmend sozusagen von ihrem „alten" abgegriffenen Spielzeug, das bald neuem Platz machen würde. Vater und Mutter bauten derweilen in der Wohnstube die Weihnachtsgeschenke für die Kinder auf. Jedes hatte dafür seinen Platz, und dort türmte sich bald eins aufs andre: kleinere, auch größere Gaben, zweckmäßige Bedarfssachen, Bücher, Naschereien. Ein Schlaraffenland war es nicht, was so entstand; das gab schon die elterliche Geldbörse nicht her, aber es war doch vielerlei und ausreichend, die Herzen höher schlagen zu lassen und Freude zu bereiten.

Endlich war es soweit, daß der Vater die Tür zur Weihnachtsstube öffnete und das lang erwartete „Hereinkommen!" rief. War die Aufregung groß! Jedes suchte „seinen" Platz, schon von der Art der Geschenke her – man hatte ja auch einen Wunschzettel geschrieben – rasch zu finden. Und dann standen die Kinder, kramten in ihren Geschenken, und die Freude strahlte aus ihren Gesichtern. Nur aus einem nicht. Christoph, zehn, elf Jahre alt – zehn gewesen, elf sagte er, wenn er danach gefragt wurde, und das nicht ganz ohne Berechnung –, fand seinen Gabentisch nicht. Das konnte doch nicht wahr sein! Er schaute sich in der Stube um, ob etwa sein „Weihnachten" irgendwo versteckt sei. Aber nichts war zu sehen, nirgendwo. Während die andern sich freuten, strahlten, lachten und schwatzten, einander und den Eltern ihre Geschenke zeigten, drohten Christoph die Tränen in die Augen zu treten. Hatte der Vater doch Ernst gemacht? In den Tagen vor dem Fest war Christoph ein paarmal ungezogen gewesen, trotzig und widerspenstig. Ganz gegen seine sonstige Art. Das mußte den Eltern auffallen. „Und das vor Weihnachten!" hatte der Vater gesagt. „Du wirst dich wundern!" War das mit den „paarmal" tatsächlich so hinausgegangen?

In der Adventszeit pflegten die Kinder, es war schon die Rede davon, Wunschzettel zu schreiben. Es stand gewöhnlich reichlich viel darauf. Je mehr, desto besser! mochten sie denken. Etwas davon würden sie schon kriegen. Und die Eltern hatten die Auswahl. Nur Christoph war mit seinem Wunschzettel der Bescheidenste gewesen. Weil er nur *einen* Wunsch hatte, einen ganz großen freilich, der zehn, zwanzig weit kleinere ausschloß: ein Fahrrad. „Bescheiden nennst du das?" hatte seine große Schwester dazu gesagt. „Das glaubst du ja wohl selbst nicht, daß du das bekommst!" Aber er hatte es sich gewünscht. Weil er ja „schon elf Jahre alt" war.

Nun schien sie doch recht gehabt zu haben. Und der Vater schien seine Ankündigung wahr gemacht zu haben. Nichts war da. Das Fahrrad nicht, zu essen, zu spielen nichts, nicht einmal etwas zum Anziehen. Wenn das nicht zum Weinen war! Traurigkeit, Scham und Ärger, die gemischtesten Gefühle, gar keine weihnachtlichen, waren in des Jungen Herzen. Die Mutter hatte es längst bemerkt. Sie schubste den Vater an und flüsterte ihm ins Ohr: „Nun mach schon!" Der sah sehr wohl, was in seinem Buben vor sich gehen mochte, und gab Christophs Bruder, dem Zwölfjährigen, einen Wink. Was von dem auch sogleich verstanden wurde. Eine ausgemachte, abgekartete Sache war es, nichts anderes.

Auf einmal klingelte es an der Vorsaaltür. Alle schauten auf. Am Heiligen Abend? Wer konnte da wohl zu Besuch kommen? Aber es war kein Besuch, der durch die von draußen geöffnete Tür hereinkam. Ein Hereinkommen nach üblicher Weise war es auch nicht. Einer auf einem Fahrrad kam hereingefahren: Christophs älterer Bruder war es, und er fuhr durch den zum Glück einige Quadratmeter großen Vorsaal stolz ein paar Runden, eine nach der andern. Alles jubelte und jauchzte. Nur Christoph, noch immer von seinem Mißgeschick bedrückt, vermochte nicht zu fassen, was da vor sich ging. Was will der bloß mit einem Fahrrad! dachte er. Er hat doch eins! Bloß ich ...

Endlich beendete der Bruder seine Fahrkapriolen, stieg vom Rad und schob es Christoph zu. „Da!" sagte er. Nichts als das.

„Aber ..." Mehr wußte Christoph nicht darauf zu erwidern. Was da geschah, kam zu plötzlich, zu überraschend. Es dauerte eine Weile, bis er begriff, daß das Fahrrad *ihm* gehörte, tatsächlich ihm, und die Erfüllung seines großen Weihnachtswunsches war. Man ließ ihn gewähren, stand freudestrahlend um ihn herum, als er das Rad von oben bis unten bestaunte, es hin und her schob und sich nicht daran satt sehen konnte. Erst nach einer Weile bemerkte er, daß auf dem Gepäckträger ein kleiner Karton festgeschnallt war. Als er ihn abgemacht und geöffnet hatte, fand er Leckereien, ein paar Spielsachen und Bücher drin. Er konnte den Reichtum, der da über ihn hereingebrochen war, nicht fassen, nicht mit seinen Händen und noch weniger mit seinen Gedanken.

Dann bedankte er sich aber doch bei den Eltern. Der Vater nickte nur, als Christoph ihm die Hand gab, als wollte er sagen: Da staunst du, nicht wahr, daß du trotzdem dein Fahrrad gekriegt hast! Und dann tat der Junge etwas, über das er sich später noch manchmal gewundert hat: Er fiel der Mutter und dem Vater um den Hals, und das hieß nicht nur „Danke schön!", sondern bezog sich auch auf das „Und das vor Weihnachten!" Die Eltern haben es schon richtig verstanden. Und als nun dieser gewiß nicht alljährlich übliche Teil der Bescherung vorüber war und auch die Eltern aus den Händen der Kinder die ihnen zugedachten kleinen Geschenke entgegengenommen hatten, da fing es erst richtig an, Heiliger Abend zu werden.

Christoph ist diese Bescherungsgeschichte, wie wohl zu erwarten, nicht wieder aus dem Sinn gegangen. Und als er älter und verständig genug war, begriff er, daß Weihnachtsgeschenke, und wohl Geschenke überhaupt, nichts

mit unserem vorherigen Tun oder Nichttun, unserer Würdigkeit oder Würdelosigkeit, mit Tadellosigkeit oder dem Gegenteil davon zu tun haben können und dürfen. Weil die eigentliche Weihnacht, um bei Weihnachten zu bleiben, „daß Gott seinen eingeborenen Sohn gab", auch nichts damit zu tun hat und alles, was wir sind und haben, „nichts denn Gnad' und Gunst" ist, wie Martin Luther gesagt hat.

Wie Christoph Daniel von Schmid den Kindern die Weihnachtsgeschichte erzählt hat

Nur noch wenige werden ihn kennen oder mit seinem Namen etwas anzufangen wissen: Christoph Daniel von Schmid, den katholischen Theologen und Jugendschriftsteller. 1768 in Dinkelsbühl geboren, studierte er in Dillingen, wurde 1791 Priester und wirkte als Pfarrgehilfe und Lehrer an verschiedenen Orten. 1804 wurde er Distriktsschulinspektor, 1816 Pfarrer in Stadion in Württemberg. 1826 kam er als Domkapitular nach Augsburg. 1832 übernahm er gleichzeitig das Kreisscholarchat über den ehemaligen Oberdonaukreis. Als edler Mensch, treuer Katholik und frommer Christ hat er sich mit seinen noch heute gern gelesenen und innigen Kindergeschichten ein bleibendes Denkmal geschaffen. Sie haben ihren Weg weit über Deutschland hinaus gemacht.

Dürften auch sein Name und sein Leben kaum noch bekannt sein, mit einem seiner Lieder begegnet er uns und wir ihm in der Weihnachtszeit immer wieder: dem Kinder-Weihnachtslied „Ihr Kinderlein, kommet", vertont von Johann Abraham Peter Schulz (1747–1800). In ihm erzählt Christoph von Schmid den Kindern auf höchst liebliche Weise die Weihnachtsgeschichte. Der Dichter ist 1854 gestorben.

Ihr Kinderlein, kommet, o kommet doch all,
zur Krippe her kommet in Bethlehems Stall
und seht, was in dieser hochheiligen Nacht
der Vater im Himmel für Freude uns macht.

O seht in der Krippe im nächtlichen Stall,
seht hier bei des Lichtleins hellglänzendem Strahl
in reinlichen Windeln das himmlische Kind,
viel schöner und holder, als Engel es sind.

Da liegt es, ihr Kinder, auf Heu und auf Stroh,
Maria und Joseph betrachten es froh;
die redlichen Hirten knien betend davor,
hoch oben schwebt jubelnd der Engelein Chor.

O beugt wie die Hirten anbetend die Knie,
erhebet die Hände und danket wie sie;
stimmt freudig, ihr Kinder, wer wollt sich nicht freun,
stimmt freudig zum Jubel der Engel mit ein.

O betet: Du liebes, du göttliches Kind,
was leidest du alles für unsere Sünd!
Ach hier in der Krippe schon Armut und Not,
am Kreuze dort gar noch den bitteren Tod.

Was geben wir Kinder, was schenken wir dir,
du bestes und liebstes der Kinder, dafür?
Nichts willst du von Schätzen und Reichtum der Welt;
ein Herz nur voll Demut allein dir gefällt.

So nimm unsre Herzen zum Opfer denn hin,
wir geben sie gerne mit fröhlichem Sinn;
ach mache sie heilig und selig wie deins,
und mach sie auf ewig mit deinem in eins.

Ein Bergmannslied
Singt mit uns, wie die Heimat singt!

Lobt Gott, ihr Christen alle gleich,
singt mit uns von des Himmels Reich,
das uns der Sohn auf Erden bracht'
zu Bethlehem in heil'ger Nacht!

Singt mit uns nach der Väter Weis'
dem Bergfürst Ruhm und Ehr' und Preis,
der als ein Kindlein zu uns kam
und uns're Sünde auf sich nahm!

Ihr Musikanten geht einher
und schlagt die Zimbel, blank und schwer,
blast laut der vollen Tuba Ton,
singt mit uns Preis dem Gottessohn!

Singt mit uns, wie die Heimat singt,
wie's da bei uns zur Weihnacht klingt!
Die Leut' von Bethlehem sein wir,
und 's Krippelein, das stehet hier!

Lobt Gott, ihr Christen alle gleich,
singt mit uns von des Himmels Reich,
das uns der Sohn auf Erden bracht'
zu Bethlehem in heil'ger Nacht!

Weihnachtslied

Der Himmel is su hall un klar,
de Walt is eigeschneit.
Dos is de schönnste Zeit im Gahr,
do kimmt de Weihnachtszeit.

Der Rupprich gieht von Dorf ze Dorf,
de Kinner sei in Nut.
Doch wenn er Nüß un Äppeln brängt,
is alles wieder gut.

Der Vater stellt ne Christbaam auf
un putzt ne aah gleich a.
Er steckt zwölf weiße Lichter drauf
un hängt es Gloszeich na.

Du schiene, schiene Weihnachtszeit,
du schönnste Zeit im Gahr!
De ganze Walt is eigeschneit,
der Himmel hall un klar.

Doch in en drinne singt's und klingt's,
is Fraad, die kaan's en nimmt:
Im Herzen drinne klingt's un singt's,
wall abn Weihnachten kimmt!

Vertont von Willy Kehrer

Neinerlaa

De Schubert-Selma aus Olberhaa hatt nooch Geyer nüber geheirat'. Nu is es im Arzgebirg e mannichsmol esu: Wenn do aans von en Ort in en annern zieht, is es, wie wenn se aus ne Ausland komme, esu unnerschiedlich is de Sproch in mannichn Ausdrücken, un meh noch sei's de Sitten un de Gebraich. In Geyer häret de Selma, wie's of Weihnachten zuging, in aanertur von „Neinerlaa" reden, daß dos zen Heilign Obnd derzu gehäret un gassen wür', gassen wardn *müßt.* „Neinerlaa, wos is dä dos?" Es wür' schu sei, daß es esu wos aah bei ihr derham gob, gehärt hatt se ober noch nischt dervu, oder se hatt net drauf gehorcht, wenn dervu de Red gewasen war. Erscht itze, wu se nu in Geyer wuhnet, krieget se dermiet ze tue.

De Schwiegermutter hot ihr alles derklärt. Dä die war noch aane von ne alten Schlog un wußt in dan Zeich Beschäd, meh wie in mannichn annern. „Alsu Neinerlaa", sat se, „doderzu gehärt Sauerkraut, Sallerie, Ruter-Rübn-Solat, Sammelmilich . . ."

„Wuzu dä när?" froget de Selma, net garschtig derschrocken. „Bei uns derham gibt's zen Heilign Obnd Karpen un zen erschten Feiertog Gans!" Dos hatt se von ihrer Mutter. Die stammet aus Zinnwald, un dort war dos esu.

„Itze gehärscht de nooch Geyer!" hieß es. „Un do mußt de dich nu schu dra gewöhne un dermiet ofinne, wie *mir* Weihnachten feiern!" sat de Schwiegermutter. Net bies gemaant, ober doch deitlich genug un esu, daß de Selma wußt, wie se dra war.

„Un de Gans?" froget de Selma.

„Nu die aah! Ober erscht wärd's Neinerlaa gassen! Solat un Sammelmilich, do bleibn mir gesund, un es gieht uns gut! Un Linsen, dos is wagn ne Gald! Un überhaupt hot dos alles z'samm sei Bedeiting. Un noochert, ober abn dernooch erscht, gibt's de Gans!"

Der Selma wollt dos net in ne Kopp, wos Solat un Sammelmilich mit der Gesundhät un ne Gutgiehe ze tun hobn sollten un de Linsen mit ne Galdhobn . . . Olberner Aberglaabn! dacht se. Ober se dacht's bluß. De Schwiegermutter war e fünkel älter un hatt dos alles noch von ihrer Grußmutter har. Un mit der Schwiegermutter verdarbn wollt's de Selma net un aah mit ne Fritz, ihrn Mah, net, dar gewieß, in dan Stückel wen'gstens, ze seiner Mutter halten wür. Drüm ließ se sich nu genau sogn, wos alles zen Neinerlaa gehäret un schaffet nooch un nooch das Zeich alles raz'samm. De Gans natürlich aah. War dos e schie's Vögele! Dos Neinerlaazeich . . . do wür abn, wenn's abn esu sei mußt, eweng naagenippt un noochert de Gans gassen! Der Fritz lachet, wie er häret, wos sei Mutter seiner Fra für e Red gehalten hatt, un er maanet: „Dos kast de der Mamm' net übelnamme. ‚Traditione' sei dos, sogt se, wu mer dra festhalten muß! Brot du när racht schie de Gans! Dos annere wärchn mir schu nunner, un noochert feiern mir mit *dar,* unnerer schie gebrotenen Gans, unner Weihnachten!"

De Selma war ord'ntlich glücklich drüber, wie er dos sat. Se hatt schu gedacht, der Fritz wär aah esu of dos komische Neinerlaa versassen wie sei Mutter.

Su machet sich nu de Selma, wie's of ne Heilign Obnd zuging, drüber, alles harzerichten. Ganz esu aafach, wie se gedacht hatt, war dos net.

Erscht hot se de Gans agebroten un fix un fertig gemacht. Dos ging ihr wie geschmiert von de Händ. Es war net es erschte Mol, daß se dos machet. Es Wasser lief en zwischen de Zäh' z'samm, wenn mer dos Gansel sogh: E Weihnachtsbroten, wie er sei mußt! E Heiliger Obnd wür dos wardn, of dan mer sich fraae un mit dan de Selma sich sahe lossen konnt!

Zen Heilign Obnd frühzeitig machet sich de Selma über dos annere Zeich. De Gans wur' nei in de Rähr von ne Gashard geschubn, de Flamm für de Rähr of klaa gedreht, do konnt dos Vögele drinne noch schie protzeln un richtig wääch wardn. Es Neinerlaa wur' z'sammgebraut – „braue" *dacht* ober de Selma bluß, de Schwiegermutter hätt dos net härn dürfen! –, Kließ mußten gekocht wardn, Gewiechtes agebroten un noch dos un gänns, mer waß doch, wie's esu zugieht ze en setten huchn Feiertog wie nu abn Weihnachten aaner is. Aaner? Geleich e paar sei's! Un do soll jeden Tog ewos Ord'ntliches ofn Tisch stiehe! Dos war e Gekoch un es roch un tat duften, kreiz un quar, daß der Fritz, wie er emol in de Küch kam, net garschtig schnuppern tat. Ober er fraaet sich. Dos war nu abn esu ze Weihnachten un wos do alles gebuten wardn sollt an Asserei un esu.

„Ich ka dich itze net gebrauchn!" sat de Selma. Se lachet derzu, ober es klang trotzdam eweng graatig, dä se wußt bal net meh, wu ihr der Kopp stand.

Mei'twagn! dacht der Fritz. Er fraaet sich wärklich, aah wenn ne dos mit dare Dufterei net ganz geheier vürkam. Es war es erschte Heilign-Obnd-Assen mit seiner Selma, dos war nu schu zen Fraae. Ne Fritz sei Mutter kam aah emol vürbei. Dos hatt de Selma schu komme sah'. Aah de Schwiegermutter tat in der Stub 'rümschnuppern, wie wenn se net wüßt, wu dar viele Küchenduft harkam, dar sich do braat gemacht hatt. Erscht wollt se es Fanster aufmachen, ober bei dare Kält draußen ... Se gucket sich alles a, wos zen Neinerlaa gehäret. Alle Bonnär! dacht se. Nischt gegn de Schwiegertochter! Se machet sich! Se sat's noochert aah un wünschet ne Kinnern en schönn Heilign Obnd mitenanner.

Dar hätt aah ganz schie sei könne, wär net dos Ding mit der Gans passiert. De Selma hatt doch bei ihrn Rümgewärch ganz vergassen, daß die in der Rähr stand, un se hatt in ihrer Aufreging mit dan Neinerlaa – när üm vür der Schwiegermutter dermiet „bestiehe" ze könne! – aah de Rährflamm of „gruß" gedreht. Kurz un gut: Wie se emol wieder an de Gans dacht – „innu du Ugelück!" – un die aus der Rähr 'rausnohm, do war die z'sammgeschmort ze nischt! Net zen Asahe war'sche meh! Un e Duft kam aus der Rähr 'raus! Un of aamol wußt de Selma aah, wuhar schu dar annere zevur komme war! „Unnere Gans!" sat se un heilet. „Unnere schiene Gans!" Der Fritz stand dernabn un heilet net, ober de Aagn ganz schie verdrehe tat er aah. Er hatt sich esu of de Weihnachtsgans gefraat un of dos erschte Heilign-Obnd-Assen mit seiner Selma!

Die leget nooch ne erschten Schrack lus: „Dos is alles wagn eiern Neinerlaagekoch!" „Eiern" sat se, un dos hätt se net solln; dä wos konnt dä der Fritz dervür, daß sei Mamm' esu of dos Zeich versassen war! „Uhne dan Quatsch", sat de Selma, „hätt ich mich of de Gans konzentriern könne!" „Quatsch" war aah net gerod es passendste Wort für dos Drümundra zen Heilign-Obnd-Assen. Es dauret e Weile, bis der Fritz dos Rümgeheil seiner Fra unner de Füß hatt, un es log emende überhaupt bluß dra, daß abn Heiliger Obnd war, daß net der erschte Ehekrach aus dare Gans- un Neinerlaageschicht wurdn is.

Se hobn sich noochert alle beede wieder beruhigt un gassen, wos de Selma aah noch miet vürgerich't hatt. „Ober dos aane ka ich dir sogn", sat se, wie se ben Assen warn, „Neinerlaa oder wie dos Zeich haaßt . . . dos kimmt bei mir net meh of ne Tisch!" Der Fritz sat nischt derzu. Wos sollt er dä aah noch derzu sogn! Dä nooch dan alln wollt aah *ar* nischt meh dervu wissen.

Das „Neinerlaa" und seine Bedeutung

„Neinerlaa" besteht nach fast allgemeinem Brauch aus neun und auch mehr Speisen. Am meisten wiederholen sich Linsen, Erbsen, Sauerkraut mit Bratwurst oder Schweinebraten, Klöße, Kartoffelsalat, Hering mit Apfelsalat, Hirse oder Grützebrei und gebackene Pflaumen, Karpfen, Semmelmilch. Jede Speise ist bedeutungsvoll. Linsen, Erbsen und Hirse bringen Geld. Je mehr man davon ißt, um so reicher wird man im kommenden Jahr. Die Linsen dürfen nicht sauer sein, sonst wird einem das Leben sauer. Klöße bedeuten Taler, der Schuppenfisch bringt Geld ins Haus. Milch bewirkt Schönheit.

Die vorstehend als „Neunerlei" benannten Speisen bestimmen heute kaum noch das Festessen zum Heiligen Abend in den Stuben des Erzgebirges. Sie sind Vergangenheit geworden, werden lediglich noch in Amalie von Elterleins „Heilign-Obnd-Lied“ gemütvoll besungen: „Mir hobn aah Neinerlaa gekocht, aah Wurscht un Sauerkraut ...“

Ganz abgesehen davon, vermag christliches Denken den dem „Neinerlaa“ zugesprochenen Aberglauben nicht nachzuvollziehen.

Das verschlafene Mettenspiel

Hans Weinhold, Rentner und Witwer, im Dorf allgemein – nicht abfällig, eher liebevoll – „der alte Weinhold“ genannt, hatte die Christmetten verschlafen. Das erste Mal, soweit er sich besinnen konnte. Und das ausgerechnet, wo die jungen Leute vom Nachbarhaus im Mettenspiel den Joseph und die Maria spielten.

Lang war es her, da hatte auch Hans mit seiner Emma einmal das Paar hinter der Krippe gespielt. Es war nicht viel zu spielen dabei. Wandermüd einziehen in die Kirche, an die Krippe setzen, ein paar Worte miteinander wechseln, das war alles. Das Eigentliche – die Verkündigung des Engels, dann die Hirten, die Weisen, ein Engelchor – geschah mehr seitlich von ihnen. Aber man gehörte mit zur Partie. Jahre waren vergangen seitdem. Andere, Jüngere hatten die Rollen übernommen. Hans war alt, „der alte Weinhold“ geworden, seine Emma gestorben. Aber immer wieder hatte er sich das Mettenspiel angesehen. „Es wird erst richtig Weihnachten!“ pflegte er zu sagen. Wenn man es miterlebt hat, meinte er. Und nun das: verschlafen!

Todmüde war er am Heiligen Abend ins Bett gesunken. Er war bei den Kindern im Niederdorf gewesen, hatte bei ihnen Heiligen Abend gefeiert. Der Trubel um die Bescherung der Enkel, das Heimwärtsstapfen im Schnee – kein Wunder, daß er tief und eigentlich recht gut geschlafen hatte. Nur das war nicht gut, nein, ganz und gar nicht: daß er den Wecker nicht gehört und droben in St. Niklas die Metten längst in vollem Gange waren. Die Kinder würden sich in der Kirche nach ihm umgeschaut haben, vielleicht hatten sie sich sogar Sorgen gemacht.

Das und anderes mehr ging Hans Weinhold durch den Kopf, als er aufgewacht, aufgestanden war, sich gewaschen hatte, das Fenster aufgemacht und nun in die stille Winternacht hinauslauschte. Aber St. Niklas war zu weit entfernt, als daß er etwas von dem Singen oder gar Reden dort hätte hören können.

Doch da! Etwas ganz anderes hörte er. Ein Schreien, Heulen, eine Kinderstimme. Das war doch ... Da rief sie schon: „Onkel Hans! Es brennt! Es brennt!"

Es war die Stimme der kleinen Silke vom Nachbarhaus, des Mädchens der beiden jungen Leute, die droben in der Kirche den Joseph und die Maria spielten. Was bloß sollte das? „Es brennt!" hatte die Kleine geschrien. Da war keine Zeit zu großem Fragen. Hans riß den Mantel vom Haken und stürmte die Treppe hinunter, in die Nacht hinaus. Wahrhaftig, hinter dem Stubenfenster dort ... Da stand der Christbaum in Flammen!

Das Kind war nicht mehr zu sehen, war wohl wieder zurückgerannt ins Haus. Im Nu war auch Hans Weinhold drin. Er riß die Stubentür auf, riß den brennenden Baum vom Tisch, trampelte in die Flammen hinein, immer und immer wieder, bis endlich auch der letzte Funke zertreten war. Dann erst schaute er sich um. Wie ein Wunder war es. Noch hatte das Feuer nichts anderes erreicht, hatte nur den Baum aufgefressen. Freilich, viel später hätte Hans nicht kommen dürfen!

Die kleine kaum sechs Jahre alte Silke stand noch immer schluchzend im Hausflur. Hans holte sie in die Stube, setzte sie aufs Sofa und kniete sich neben sie: „Wie ist das passiert, Kind? Wie ist das zugegangen? Bist du allein zu Hause?"

Mit immer wieder von Tränen erstickter Stimme erzählte Silke, daß Vati und Mutti zur Mette seien – ja freilich, das wußte Hans Weinhold –, daß sie auf einmal aufgewacht sei. „Und da dachte ich, daß sie bald kommen werden ... und wollte ihnen eine Freude machen, da hab ich die Kerzen auf dem Baum ..."

„Da hast du sie angezündet", sagte Hans, „daß es schon richtig nach Weihnachten aussehen sollte, wenn sie heimkommen?" Silke nickte und wischte sich die Tränen aus den Augen. „Und dabei ist es passiert!" sagte wieder Hans. „Das ganze Haus ..." Aber den Satz vollendete er nicht. Schreckhaft stand es vor seinem Auge. Was für ein Jammer, für ein Elend wäre das gewesen! Was für ein Weihnachten für die beiden, die zur Christmette den Joseph und die Maria gespielt hatten, für das ganze Dorf!

Hans Weinhold wußte nicht, wie lange er bei dem Mädchen war, das immer wieder einmal vom Schluchzen hin und her gerissen wurde und das er zu trösten versuchte, so gut er vermochte. Auf einmal standen die jungen Eltern in der Tür, mit einem lauten Aufschrei die Frau, und wieder weinte das Kind und verkroch sich in den Schoß der Mutter. Hans berichtete, was geschehen war, nahm Silke in Schutz, sagte lächelnd, aber es lag ein sichtbarer Schein von Ergebenheit und Dankbarkeit auf seinem Gesicht: „Ich habe die Metten, euer schönes Mettenspiel verschlafen. Das erste Mal, seit ich denken kann! Hab mich fast geärgert darüber. Aber jetzt nicht mehr. Jetzt nicht mehr! Jetzt weiß ich . . ."

Er vollendete das letzte nicht. Die andern wußten auch so, was er sagen wollte. Es war ein Weihnachten eigener Art, das in Hans Weinholds Nachbarhaus gefeiert wurde, Hans inmitten der andern am Mittagstisch. Alles an Weihnachtlichem war da. Nur der kerzengeschmückte Baum fehlte. Aber es war wirklich und wahrhaftig sonst alles da. Alles. Gott sei Dank!

Die Sache sprach sich rasch im Dorf herum. „Ja, der alte Weinhold!" sagten die Leute. Manche auch: „So kann es zugehen!" Hans selbst, drum befragt, hätte es vielleicht mit einem Bibelwort gesagt – denn er kannte viele ihrer Worte, nahm sie, wie sie dastanden und hielt sich daran –, mit dem Psalmwort: „Du bist der Gott, der Wunder tut!"

De Weihnachtsgans

Zen Heilign Obnd gibt's bei uns in Arzgebirg immer ewos Guts. Dos wärd aah wu annersch esu sei. Es Heilign-Obnd-Assen is e Fastassen! Früher hobn se „Neinerlaa" aufgetrogn! Itze stieht zahnerlaa un meh ofn Tisch. Un wu se zen Heilign Obnd „bluß" Brotwurscht un Sauerkraut assen, wie in Gääln zen Beispiel, oder Karpen, su hob ich's in Zinnwald kennegelernt, do wärd noochert der gruße Broten zen erschten Feiertog aufgetrogn. Un dos is e Gans oder e Ent oder e Truthah. Wos mer nu abn lieber hot. De Geschmäcker sei verschieden. Dos is aah überol esu.

Vür epper sachzig Gahrn, wu ich noch e Gung war, war'sch net immer un bei alln esu wie heitzetog. Mir derham gehäreten ze dan, wu's gar net immer e ausgemachte Sach war, daß mir uns e Weihnachtsgans würdn leisten könne. Wagn ne Gald, wagn ne Verdiene. Es sohg e mannichsmol bies aus mit de Pfeng. Ober e Heiliger Obnd uhne de Weihnachtsgans – do fahlet ewos, do hot mer'sch esu richtig weiskriegt, wie schlacht mer dra war. Net gerod, daß mer sich arm vürkam. Ober mer merket doch, wie dracket es en, genaugenomme, ging. Ich muß dos erscht emol derzöhln. Wagn dare Geschicht, die ich derzöhln will.

Es war e Vürweihnachtszeit, wu wieder emol de Arb' net esu ging, wie se giehe sollt. „Heier wärd nischt mit der Gans!" sat mei Mutter, un ich wußt aah geleich, daß se von ne Heilign Obnd reden tat. „Mir wardn schu ewos ze assen hobn!" maanet mei Vater, ober gruße Fraad klang net gerod aus seiner Red. Do schoß mir e Gedanke durchn Kopp. Ich hatt mir es ganze Gahr durch ab un zu emol ewos gespart. Mol war ich do, mol dort en Waag gange, hatt emol bei dan de Kuhln miet neigetrogn, die draußen hiegeschütt' logn, hatt bei gänn Briefmarken von der Post gehult un wos nu Kinner in men Alter esu machen konnten un könne. Do hatt's emol do en Fünfer un dort en Groschen, aah emol en Fufziger oder e Mark gabn, un dos hatt ich alles in mei Sparbüchs gesteckt. Es hatt es ganze Gahr lang feststanne, wos ich dodermiet machen wür', wenn ich genung z'samm hatt: E Fahrrod wollt ich mir kaafen!

„E Fahrrod is fei teier!" sat mei Vater, un er machet e Gesicht derbei, wie wenn er sogn wollt: Dos kriegst de in de'n ganzen Labn net z'samm! Ober ich hatt mir e Fahrrod in ne Kopp gesetzt, un wenn ich e paar Gahr lang sparn müßt! Mei Freind, der Sacher-Manfred, hatt aah aans, un dar hatt sich's aah z'sammgespart. Wos dar zewaag gebracht hatt, dos wür' ich wuhl aah fertigbränge! Nu ober kam die Sach mit dare Gans derzwischen. Genaugenomme ging se mich ja gar nischt a. Ich war doch net zuständig dervür, wos bei uns of ne Tisch kam un wos net! Trotzdam ließ mir die Gans kaa Ruh. Jeden Obnd hob ich in men Bett hie und har überlegt: Wos machst de dä nu? Ich hob aah getraamt dervu: emol von der Gans, emol von en Fahrrod.

Je wetter'sch of Weihnachten zuging, desto gewießer wur'sch mir: Mit dan Fahrrod, dos muß noch of später nausgeschubn wardn! Ich hatt es Geld derzu suwiesu noch net z'samm! Itze kam erscht emol Weihnachten! Un do mußt e Weihnachtsgans har! Ober dos war mir nu aah klar: Kan Pfeng würdn meine Leit von mir namme! „Du bist wuhl net gescheit!" wür' mei Mutter sogn. „Wagn dare Gans dei Sparbüchs ausreime!?" Ich brauchet dodermiet gar net azefange. Ich wür' do bluß Arger kriegn. Un mir alle-z'samm emende verhunzte Feiertog. Ober wie machen?! Do is mir ewos eigefalln, do waß ich noch heit ganz genau, daß es richtig war. Dos waß mer net immer von alln, wos mer esu macht in sen Labn.

„Es muß net ägenieht e Gans sei!" häret ich meine Leit e paar mol sogn, wenn se von ne Heilign-Obnd-Assen reden taten. „Es gieht doch aah ewos annersch!" Un do hatten se racht. Liebe Zeit, wie aafach hatten doch de Leit vür hunnert Gahrn Weihnachten gefeiert! Mer konnt dos in de Bücher laasen, un wos de Alten warn, die derzöhleten aah e mannichsmol dervu, von sich un wos se aah erscht derzöhlt kriegt hatten. Ober mir laabeten nu abn net meh vür hunnert Gahrn! Mir laabeten itze, un do gehäret ze en richtign Heilign-Obnd-Assen e Weihnachtsgans! Es würdn aah Ardeppel-solat un warme Würschteln schmecken, ganz gewieß! Ober es wür' uns net wie Weihnachten, net wie Heiliger Obnd vürkomme! Wall mer Ardeppel-solat un warme Würschteln aah annermol hatten! Un wall dos nischt „Be-sonnersch", nischt „Weihnachtliches" war! Dos alles ging mir in ne Kopp rüm. Un es war gar net esu sehr de Gans, üm die sich's drehet, sonnern viel meh de Weihnachtsfraad, Weihnachten salber. Un noochert wußt ich, wos ich machet! Un ich hob's aah gemacht!

En Tog vür ne Heilign Obnd – es stand nu fest, daß nischt wardn wür' mit ner Gans – sat mei Mutter: „Nu will ich när emol zen Einenkel-Flaa-scher giehe un sah', wos er noch hot . . ." Wos er noch annersch, billiger wie e Gans, hot! hot se sogn wolln. Se machet feeder, un mir kloppet es Herz net garschtig, wie se nausmachet. Wie alt war ich dä?! Epper zwölf Gahr! Do vertrögt mer e sette Aufreging noch net esu wie e Grußes. Dä e Auf-reging war'sch. Erscht für mich. Un noochert für uns alle.

Nooch epper ner halbn Stund kam mei Mutter wieder. Ich sohg se von unnern Fanster aus richtig de Stroß runnergesaust komme. Itze is es esu weit! dacht ich, un nu kam e ganz gruße Fraad in mir huch: wie mer'sche zen Heilign Obnd, wenn beschert wärd, hot! Mei Mutter trot zer Stubntür rei, lachet un heilet, un sat wetter nischt wie: „Du bist mir schu aaner!" un setztet sich hie. „Wos is dä lus?" froget mei Vater.

„Wos soll dä lus sei!?" sat mei Mutter un wischet sich es Wasser aus de Aagn. Noochert standen mir alle dreie vür ne Tisch un gucketen dos „Wun-ner" a, dos do ze sahe war: of ne aufgewickelten Papier aus ne Flaascher-loden e Gans, e richtige gruße schiene Weihnachtsgans!

„Wu hast de dä die har?“ Mei Vater war der erschte, dar de Sproch wiederfand. Mei Mutter sat nischt, es sohg aus, wie wenn se schu wieder heiln müßt. Se gucket mich a, un ich wußt aah net, wos ich sogn sollt. Ober noochert mußt ich's nu doch sogn: Ich war e paar Tog zevur ben Einenkel-Flaascher gewasen, bei dan mir immer eikaafen taten, un hob e Gans bestellt. „E schiene gruße!“ hob ich gesaat. „Un ich bezohl se aah geleich!“ hob ich gesaat. „Huln tut se mei Mutter salber!“ hob ich gesaat. Esu is es gewasen.

Su kam's, daß mir salling, ze en Weihnachten in ner racht schlachten Zeit in unnern Portmanee, trotzdam e Weihnachtsgans hatten. Un dare Gans wagn gehärt aah dos Weihnachten miet ze de schönnsten, die ich derlabt hob. Dare Gans wagn? Naa, naa, darewagn net! Wagn dare Fraad, die ich dermiet gemacht hob. Ich hob ewos gelernt derbei, was mer gar net zeitig soot lerne ka un wos, wie's aussieht, manniche Leit ihr ganzes Labn lang net lerne: daß es ofs Fraadhobn un Fraadmachen akimmt: un daß es Fraad*hobn* e mannichsmol gerod erscht von ne Fraad*machen* harkimmt! Gewieß: Wie der Heilige Obnd vürbei war, war de Gans, wen'gstens es meeste dervu, gassen, un mei Fahrrod war e grußes Stückel dingsnaus gerutscht, war waß, ob überhaupt esu fix ewos draus wardn wür'! (Spöter bie ich schu noch derzu komme!) Ober die Fraad von salling is gebliebn. Un wenn ich dra denk, is se heit noch do!

Es Heilign-Obnd-Blosen

Es war zen Heilign Obnd. In de Haiser brannten de Lichter, de Stroßen wurdn langsam leer, do ging ofn Kärchturm es Heilign-Obnd-Blosen lus. Bis of de viereckete Brüsting warn se naufgeklattert, de Turmblöser mit ihre Posaune un Trompeten, de schmole Trepp in ne Turm in de Höh, an der grußen Glock vürbei, un nu standen se draußen un ließen de schönn alten Weihnachtslieder ins Staadtel neiklinge, daß de Leit de Stubnfanster aufmacheten un naushorcheten un die, die noch of de Stroßen rümliefen, stiehebliebn un nooch ne Turm naufgucketen ... „Stille Nacht, heilige Nacht“, „U du fröhliche, u du selige“ taten se spieln un wie nu de Lieder ze Weihnachten esu haaßen. Un wie de Turmblöser esu blosen taten, do passieret e klaane ganz annere, ober e schiene, e wunnerbare Geschicht'. Über die Geschicht' hobn sich gewieß de Engel im Himmel gefraat un noochert, wie se sich im Staadtel rümgesprochen hatt, aah de Leit.

Unner de Turmblöser war aah der Richter-Tav. Schu meitog hatt dar mietgeblosen, wenn of ne Turm Musik gemacht wur'. Wie se nu itze wieder de alten Weihnachtslieder ins Staadtel nunnermuseziern taten, du mußt der Tav of aamol an sen Bruder denken, an ne Fritz, sen aanzign Bruder, dan er hatt. Se warn mitenanner gruß wurdn derham, se hatten e schiene Kinnerzeit gehatt. Es war ne aah dernooch gut gange, se hatten sich verheirat't, hatten Kinner, warn allez'samm gesund, hatten kaa Nut un kaane Sorgn. Ober wie dos mitunner esu is in ne Labn: Wenn de Leit kaane Nut *hobn,* noochert *machen* se sich welche! Esu war'sch aah ben Tav un ben Fritz gewasen. Kaans wußt meh racht, wie's komme war – ober se warn ofemol bies mitenanner. De alten Richter-Leit hatten, wie se gestorbn warn, e Haisel, e weng Grundstück, aah e paar Mark Gald hinnerlossen. Gahrelang hobn die zwee Gunge *mitenanner* in dan Haus gewuhnt, hobn sich *mitenanner* an dan, wos se geerbt hatten, gefraat – un mit en Mol war'sch alle mit der Freindschaft gewasen! Der Tav vertroget sich net meh mit ne Fritz un der Fritz net meh mit ne Tav. Net lang dernooch zug der Fritz aus ne Richter-Haisel, aus sen Voterhaus, aus, un wieder net lang dernooch, do ging de Klogerei lus. Se hatten's e mannichsmol soot, alle beede, der Tav un aah der Fritz, ober se konnten sich abn net meh verstiehe un net meh vertrogn.

Un itze ofemol mußt der Tav wieder an dan Streit un an ne Fritz denken. Er kam richtig aus ne Geschick derbei un mußt de Trompet mitten in ne Spieln eweng osetzen. Un aah wie er noochert wieder wettermachet – de Fraad war wag! Wie wenn er'sche miet naus in de Winterluft geblosen hätt. Er kam net meh von ne Fritz lus un mußt immer denken: Do blöst de nu do ubn lauter sette schiene Weihnachtslieder, un drunten, do stimmt's net!

Ja, un wie's nu e mannichsmol esu zugieht in ne Labn: Der Fritz, wos ne Tav sei Bruder war, hatt sich, wie's draußen war finster wurdn, fix noch emol agezugn; er wollt noch emol nooch ne Neimarkt nauf un sahe, ob er noch e paar Christbaamfigurn krieget. Wie er esu de Kärchgass' dingslang gieht, do fängt's of ne Turm ze blosen a: „Stille Nacht, heilige Nacht . . .“ Der Fritz krieget ord'ntlich en Schrack. Gahr für Gahr hot er es Turmblosen gehärt, er hot's immer *gern* gehärt und hot sich alle Gahr ofs neie drauf gefraat – heier ober hatt er mit kan Oden meh dra gedacht, un richtig erschracken tat er, wie ofemol es Blosen lusging. Un ze dan Schrack kam geleich noch e annerer. Er wußt salber net, wie's kam: Ober er mußt an sen Bruder denken, an ne Tav. Dar wür' emende aah miet of ne Turm sei un wür' miet blosen wie alle Gahr. Es war immer esu schie gewasen, wenn Weihnachten komme war. Se hatten in en Haus gewuhnt, warn zeenanner gange, hatten sich mitenanner gefraat. Es wur' ne Fritz mit en Mol ganz annersch zemut. Schie war dos net, wie's itze war, naa, schie war dos net ...

Der Fritz hatt gar net gemerkt, daß er stiehegebliebn war un mitten of der Stroß stand un nooch ne Turm naufhorchet. Un noochert – ober emende merket er dos aah net – fing er wieder a ze laafen, ober net zen Neimarkt nauf, naa, er war ümgekehrt un machet sachte wieder de Kärchgass' zerück, horchet derbei of die schönn' Lieder, die se of ne Kärchturm ubn spieleten un stand noochert unten, wu de Kärchgass' alle is un wu's zen Turm naufgieht.

Se wußten alle beede net richtig, wie's zuging. Ober wie der Fritz esu stand, do kam ofemol aaner ne Turmbarg reigeloffen. Es Blosen hatt aufgehärt, es Licht of ne Turm war verlöscht, un dar, dar vür ne Fritz stand un ne Fritz de Hand hierecket, wie wenn er ne Fritz do an dare Eck derwart't hätt, dos war der Tav.

Esu sei die zwee wieder z'sammkomme. Zen Heilign Obnd über ne Heilign-Obnd-Blosen. De Engel im Himmel hobn sich drüber gefraat, wie se dos sahe taten, un dernooch, wie sich's im Staadtel rümgesprochen hatt, aah de Leit.

„Ich steh an deiner Krippen hier"
Von den erzgebirgischen Weihnachtskrippen

„Und das nehmt zum Zeichen", heißt es in der Weihnachtsgeschichte des Lukasevangeliums (2, 12), „ihr werdet ein Kind finden in Windeln gewickelt und in einer Krippe liegen." Und dann gehen sie, die Hirten vom Felde, finden Maria und Joseph, „dazu das Kind in der Krippe liegen" (2, 16). Sechzehnhundert Jahre später tut es Paul Gerhardt ihnen nach und singt: „Ich steh an deiner Krippen hier, o Jesu, du mein Leben." Er konnte wirklich davorstehen. Nicht an der von Bethlehem, aber an der ihr nachgebildeten. Die Heimat der Krippendarstellungen dürfte Italien sein, wo schon im Mittelalter eine Nachbildung der Krippe von Bethlehem gefertigt wurde, jedenfalls der davon überlieferten Form und Gestalt.

Über Tirol, Oberbayern und Böhmen kam die Krippenkunst in den meißnisch-sächsischen Raum. So schuf der Dresdner Goldschmiedemeister Daniel Kellerdahler 1637 die „Anbetung der Hirten", eine Krippendarstellung von unverkennbar italienischem Einfluß. Jahrhundertelang waren die Schöpfer der Weihnachtskrippen fast ausschließlich Berufskünstler.

Im Erzgebirge waren es vornehmlich einfache Leute, Handwerker, Bergleute, die um 1830 damit begannen, in naiver und doch künstlerisch wertvoller Form Krippen anzufertigen. Erste Nachrichten verweisen auf Carl Gottlieb Escher aus Buchholz, der zu einer Besichtigung seiner „Geburt Christi in feinen Figuren" einlud. Gegen ein Eintrittsgeld von sechs Pfennigen! Dann machten die Altmeister der volkstümlichen Krippenkunst von sich reden, so Carl Gottlob Krüger in Schneeberg (1811–1893), der von 1835 bis 1838 sein „Bethlehem" schuf, das nach und nach auf 500 Figuren, in Holz geschnitzt, aus dem Leben Jesu anwuchs, und Carl Friedrich Hertelt (1837–1921) in Oberwiesenthal, der Krippenfiguren und eine große Krippe mit etwa 300 Einzelstücken anfertigte. Hertelt war Maler und betätigte sich nebenher als Krippenschnitzer. Er war Mitbegründer des 1894 entstandenen Oberwiesenthaler Krippenvereins, der sich auch um die Wiederbelebung erzgebirgischer Weihnachtsspiele verdient machte.

Anfangs waren die geschnitzten Figuren unbeweglich. Aber dann haben findige Köpfe und Hände ihnen doch „Leben" eingeflößt. So verfertigte Oswald Hillig aus Wolkenstein eine „lebendige Krippe" mit einer komplizierten, von einem Räderwerk betriebenen Technik. Inzwischen war 1879 in Lößnitz der Bergverein, eine Schnitzgemeinschaft, gegründet worden. Von seinen Mitgliedern wurde gemeinsam eine große orientalische Krippe, ein Weihnachtsberg von 54 Quadratmetern, gebaut. Nach Lößnitz entstanden auch anderwärts Schnitzvereinigungen. Sie schufen „Berge" in großer Zahl. Krippe, Christgeburt, Ecke, Garten, Paradiesgarten, Bethlehem, Berg, Weihnachtsberg waren die unterschiedlichen Namen dafür. Das vornehmlich benutzte Baumaterial war Holz. 1863 wurden auf dem Annaberger Weihnachtsmarkt erstmals auch Krippenfiguren aus Papiermaché, aus Knetmasse hergestellte käuflich erwerbbare Figuren, angeboten.

Die ursprünglich „orientalisch“ gestalteten Figuren und Christgeburten wurden mit Beginn des 20. Jahrhunderts mehr und mehr durch den Bergmanns-, den Winter- und Weihnachtsberg ersetzt. Hier prägten die Landschaft der Heimat, eben des Erzgebirges, und ihre Menschen die Darstellung des Geschehens von Bethlehem. Als erster legte der Schnitzmeister Gustav Rösel aus Schneeberg-Neustädtel das Christgeburtsgeschehen in eine erzgebirgische Landschaft. So bildete sich nach und nach eine für das Erzgebirge typische Krippenform heraus, die ihre Eigenart bis heute erhalten hat.

Wu se dos när harhobn!

Bei uns derham, wu ich aufgewachsen bie, gob's emol en Gasthuf, do stelleten die Schnitzer im Staadtel nooch Weihnachten ihre Peremetten, ihre Bargleit un Engel un wos se sist noch geschnitzt, gebaut un gebastelt hatten, aus. Do warn mir Gunge do! Dos mußten mir gesahe hobn! Un mir hobn's uns ord'ntlich agesahe! Esu wie de Gunge von heitzetog de Motorröder un de Autos agucken. Ober aah spöter, wu aah uns de Motorröder un de Autos meh wie de Peremetten un de Schnitzerei interessierten, hobn mir es Schnitzen derwagn net vergassen. Aah als Gruße un Verstännige sei mir nooch Weihnachten gern in dan Gasthuf gange, wu alle Gahr de Schnitzerausstelling war.

Un wall mir nu abn gruß un verstännig warn, hobn mir dos ausgestellte Zeich aah mit en viel größern Verstand ageguckt wie früher. Es is schu esu: Mer kimmt net wag von dan Zeich, dos geschickte, flessige Händ gebaut, geschnitzt un aufgestellt hobn. Do gibt's Peremetten, esu unnerschiedlich, daß mer zeletzt überhaupt net meh waß, wie dä e Peremett richtig aussahe muß. Do stieht Schnitzerei do, do frogt mer sich: Wos mög dä dos Zeich kosten? Un doch getraut mer sich net ze frogn. En Gedanken wur' ich allemol e paar Tog lang net lus, wenn ich in su aaner Ausstelling war: Wu se dos när harhobn – dos Schnitzen, dos Baue, dos Geschick, die Kunst? Es is doch aane!

E ganz gruße sugar. Ich kenn' se doch alle, die do geschnitzt un gebaut hobn: ne Triemer-Bäck, ne Graubner-Karl, ne Mahlhorn-Erich un wie se alle haaßen. Mit en paarn dervu bie ich in de Schul gange. Ben Schreiter-

Lehrer hobn mir Rachne gelernt, ben alten Jähnig es Abc. Schnitzen un Basteln hobn mir bei kan gelernt. Dos gab's ze unnerer Zeit noch net in de Schuln. Ümsumeh tu' ich mich frogn: Wu se dos när harhobn?! Ich hob se aah salber schu gefrogt: ne Graubner-Karl, ne Mahlhorn-Erich. Der Erich hot erscht eweng geguckt, noochert hot er eweng noochgedacht, un wie er lang soot gesonne un gedacht hatt un ich maanet, er hätt's nu raus, do sat er: „Dos waß ich fei aah net!" Sei Vater hatt schu geschnitzt, sei Grußvater. Sei Gung, dar schnitzet aah schu wieder. Es „log in der Familie", wie mer esu sogt. Ober dos alles nützt aah noch nischt. Es liegt e mannichs „in der Familie": Mer hot's geerbt, mer hot's in de Wieg gelegt kriegt. Ober wenn's net rausgehult wärd, ausgegrobn, wie de Bargleit bei uns, de richtign, es Arz aus der Ard rausgrobn, noochert is alles Drinneliegn ümesist. Un dos abn, dos sei de Schnitzer un de Bastler: Se grobn aus.

Aus ihrn Herz, aus ihre Händ grobn se aus, wos se drinne hobn. Es gehärt viel Ausdauer un Geduld derzu. E mannicher Spaa muß waggeschmissen wardn, e manniches Stückel Holz is verdorbn, bis ewos wärd, wos sich sahe lossen ka. Unnere Schnitzer könne sich sahe lossen. Wos die könne, dos is Kunst. Es is wärklich aane. Es wärd bluß net esu viel drümrümgemacht wie üm de ganz grußen Künstler, von dan mer in de Schulbücher liest un in der „Kunstgeschicht" härt. Ober unnere Schnitzer sei aah Künstler. Lacht mich aus – ober wenn ich ewos von dan Leonardo da Vinci oder von Riemeschneider oder Barlach här un wie se esu gehaaßen hobn, noochert muß ich aah an unnern Triemer-Bäck, an ne Graubner-Karl un an ne Mahlhorn-Erich denken. Ich denk se allez'samm in en Odenzug, un ich maan, dos wärd emende schu richtig esu sei.

Ober do is noch ewos. Ne Mahlhorn-Erich hot's nu doch kaa Ruh gelossen, daß er of mei Frog, wu se dos mit ihrn Schnitzen harhätten, nischt wetter gewußt hatt wie: „Dos waß ich fei aah net!" Er hot wetter drüber noochgesonne, un wie ich ne wieder emol trof, do hielt er mich a un sat: „Ich hob mir'sch überlegt, dos mit dan Schnitzen. Waßt de, wos ich e mannichsmol denk'? Dos muß mir der liebe Gott in meine Händ neigelegt hobn! Mir un aah dan annern!"

Ich hob nischt drauf gesat. Ober ich hob ne ganz darb de Hand gedrückt, aane von dan beeden, in die der liebe Gott esu viel Grußes un Schienes neigelegt hot. Dä wos er itze gesat hatt, dos war schu lang mei Maaning ze dare Sach gewasen.

Beim Hanskuno-Michel

An einem Tag zwischen Weihnachten und Silvester stapften die Jungen und Mädchen, die übers Fest ins Dorf gekommen waren – eingeladen von der Gemeindejugend, untergebracht in der Gemeinde – zusammen mit ihren Gastgebern und dem Pfarrer durch den tiefen Schnee, der über Nacht gefallen war, zum Hanskuno-Michel. Dessen Haus, ein alter Fachwerkbau, stand etwas abseits der Dorfmitte an einem Berghang. Die Besucher waren angemeldet, und so trat, kaum daß sie das Haus erreicht hatten, der Hanskuno-Michel aus der klobigen Tür und hieß sie willkommen. Einer der Auswärtigen sprach den Michel tatsächlich mit „Herr Hanskuno“ an, was bei den Einheimischen großes Gelächter auslöste. Denn der Michel hieß gar nicht Hanskuno, sondern schlicht und einfach Hofmann, wie es viele dieses Namens im Dorf gab. Eben deswegen mußte man sie auseinanderhalten können. Da Michels Großvater mit seinen beiden Vornamen Hans und Kuno geheißen hatte, waren diese fürs Dorf etwas ungewöhnliche Namen zum „Erkenner“ der Hofmanns dieser Richtung geworden und am Sohn und Enkel und bereits auch wieder an dessen Kindern und Kindeskindern hängengeblieben. Freilich, wie sollten Dorffremde um solcherlei Zusammenhänge wissen können! So kam es zu einer fröhlichen Begrüßung. Man wünschte einander noch einmal eine gesegnete Weihnachtszeit. „Herzlich willkommen!“ stand in hölzernen Buchstaben über Michels Vorsaaltür. Wie viele mochten schon vor dieser Tür gestanden haben und durch sie gegangen sein?! Drinnen sagte Michel: „Tausend reichen nicht, bei weitem nicht, die jedes Jahr in den Wintermonaten, vor allem um Weihnachten vor meinem Haus den Schnee von ihren Schuhen klopfen!“ Lächelnd fügte er hinzu: „Wenn es ihn gibt und wenn sie es nicht vergessen und ihn mit hereinbringen!“ Was aber zog alljährlich so viele – von tausend und mehr hatte Michel gesprochen, und er hatte gewiß nicht übertrieben – in dieses Haus? Die Jungen und Mädchen sahen es mit Staunen und Bewunderung: In einem Raum, der ihnen ungewöhnlich groß vorkam, war ein Weihnachtsberg aufgebaut, der fast die ganze Stube füllte und nur so viel Platz ließ, daß man um ihn herumgehen konnte.

Als sie alle rings um den Berg standen, begann der Hanskuno-Michel zu erzählen. Das verstand er. Wie oft mochte er es schon getan haben! „So lange und so ausführlich wie diesmal“, sagte hinterher der Pfarrer zu den jungen Leuten, „habe ich ihn noch nicht reden hören. Er muß es euch angesehen haben“, die Gäste, die Ortsfremden meinte er, „daß ihr keine Ahnung hattet, wie bei uns Weihnachten gefeiert wird!“ Michel erzählte von seiner Kindheit, von seiner Liebe zum Schnitzen und Basteln, seiner Freude an allem, was zum Brauchtum der Heimat gehörte, Liebe und Freude, die es bei ihm von Kind an gegeben. „Und die mir wohl auch niemand mehr abgewöhnen wird“, fügte er hinzu. „Wozu auch!“ meinte eins vom Dorf. „Es wäre jammerschade darum!“ So war es. Denn was in Michels Haus zu sehen war, gab es weit und breit nicht wieder.

Michel sprach von den Advents- und Weihnachtsfiguren, den überall bekannten, den im Dorf und dessen Umgebung heimischen, vom Bergmann und Engel, von Räuchermann und Nußknacker, erklärte, was ein Schwibbogen ist, sprach davon, wie ganz anders – „armseliger als heutzutage, o ja!“ – zu seiner Zeit, als er noch jung gewesen, Weihnachten gefeiert worden war. Dann nahm er einen hölzernen Bergmann in die Hand und berichtete: „Den gab es schon im 17. Jahrhundert ...“

„So alt ist er?“ warf eins der Mädchen erstaunt ein.

Die anderen lachten. „Der natürlich nicht! Der Bergmann als Weihnachtsfigur!“ erklärte der Michel. „Bereits im 17. Jahrhundert tauchten bei uns auf vielen Altären in den Kirchen Knappenfiguren aus Zinn und Holz als Träger der Altarkerzen auf. Der Bergmann, der tief unten in der Erde, im Dunkel der Schächte seiner schweren, gefahrvollen Arbeit nachging, war mehr als andere aufs Licht angewiesen und ihm verbunden, und so war seine hölzerne und metallene Nachbildung geradezu die ideale Lichtträgergestalt. Die Knappenfiguren in den Kirchen haben zum Nachschaffen angeregt. So fanden sich im ausgehenden 18. Jahrhundert die ersten holzgeschnitzten Bergmänner auch in den Häusern. Um die gleiche Zeit etwa ist der Engel an die Seite des Bergmannes getreten.“

„Weil es nicht gut ist, daß der Mensch allein sei! Steht schon in der Bibel!“ bemerkte einer der Jungen, und wieder lachten sie alle.

„Stimmt und stimmt auch nicht“, meinte der Hanskuno-Michel. „Natürlich werden sie beide als ein zusammengehörendes Paar angesehen. Aber seiner Herkunft nach kommt der Engel ... ja freilich: aus der Bibel“, griff er den Einwand des Jungen auf, „aber anders, als ihr meint. Aus den Engelgeschichten der Bibel! Aus den Weihnachtsgeschichten der Bibel! Ihr wißt doch ...“ Aber da unterbrach er sich. Examinieren wollte er seine Gäste nicht. Ob er das immer so gründlich und genau macht? dachte der Pfarrer. Auf jeden Fall gut so, wer denkt schon groß darüber nach! „Jetzt gehören sie wirklich wie Mann und Frau zueinander!" fuhr Michel fort. „Es ist Brauch, schon zu meiner Kindheit war es so, und dann haben wir es mit unseren Kindern nachgemacht, daß jeder Junge im Haus einen Bergmann, jedes Mädchen einen Engel hat. Zur Weihnachtszeit stehen die Bergmänner und Engel hinter den Fensterscheiben, ihr werdet's gesehen haben, und jeder, der draußen vorbeigeht, weiß sogleich, wieviel Buben und Mädchen im Hause sind."

„Und wenn jemand keine Kinder hat?" wollte eins wissen.

Der Spaßvogel von vorhin sagte: „Dann stellen sie sich selbst ins Fenster!" So lockerte immer wieder fröhliches Gelächter Michels Erklärungen auf, die aber auch so niemand als langweilig oder überflüssig empfand. Vieles war selbst für die vom Dorf neu.

„Die Nußknacker, schaut sie euch an ...!" Hanskuno-Michel nahm einen in die Hand. „Ihre grimmigen, bärbeißigen Gesichter! Das ist kein Zufall. So hat man sie von Anfang an geschaffen. Mit Absicht. Meist als König, als Soldat oder Förster, die einmal die Repräsentanten der Macht und der Willkür waren, Bedrücker der armen, einfachen Menschen. Die Figuren waren Kritik, waren in Holz geschnitzter Widerspruch gegen die Verhältnisse in früherer Zeit. Hingegen die Räuchermänner", Michel zeigte seinen Gästen einen, „sind gewöhnlich Typen aus dem arbeitenden Volk: Bauern, Briefträger, Feueressenkehrer ..." Da lachten wieder ein paar, und Michel korrigierte sich, mit ihnen lachend: „Schornsteinfeger, wenn ihr das so lieber hättet!"

Auch auf den Sinn und die Bedeutung des Schwibbogens ging Michel ausführlich ein und auf manches andre mehr. Eins der Mädchen wollte wissen, was eine Klöpplerin sei. Michel lachte. „Das wäre eine Geschichte, fast ein Roman für sich. Wollt ihr heute wieder nach Hause oder nicht?" Aber dann sagte er doch, daß man unter Klöppeln das Anfertigen von Borten und Spitzen verstehe und daß das hierzulande eine alte und weitverbreitete Volkskunst sei, „wie gesagt, eine lange Geschichte".

Auch von Weihnachtsbräuchen bis hin zu schaurigem Aberglauben berichtete er, was man in der Weihnachtszeit alles „dürfe" und „nicht dürfe", weil das eine Glück, das andre Unglück bringe. Er lachte wieder. Aber als ihn eins der Mädchen fragte, ob ehrlich gemeint oder um ihn herauszufordern, das war nicht auszumachen: „Ist das wirklich so?", wurde er ernst. „Manche behaupten zwar", sagte er, „das alles sei weihnachtliches Brauchtum, ‚Kulturerbe', das bewahrt, vielleicht sogar ‚heiliggehalten' werden müsse. Aber ich habe es nie geglaubt und nie so gesehen. Meine Mutter – der Vater starb, als ich noch ein Kind war – war eine fromme Frau. Sie wußte sich und ihr Leben in Gottes Hand. Das hat sie oft gesagt. Danach hat sie gelebt und auch uns Kinder erzogen. Träume sind Schäume. Die in der Bibel stehen, mögen eine Ausnahme sein. Aber auf Träume achten und auf wer weiß nicht alles und in der Weihnachtszeit mehr als sonst ... Ich halte nichts davon. Ich erzähle das, wenn ich davon rede, nur, weil es zu Weihnachten hier sozusagen dazugehört." Wieder dachte der Pfarrer: Ob er das allen seinen Gästen so sagt? Gut wäre es. Sonst denken die Leute, die von den Städten hierherkommen, wir lebten auf dem Mond. Michel war schon bei einem anderen Thema. Jetzt hatte er es mit dem Weihnachtsstollen. Doch da erzählte er den Jungen und Mädchen nichts Neues. Stollen zu Weihnachten waren längst keine Spezialität bestimmter Gegenden mehr. Das war es auch gar nicht, wovon Michel sprach. Daß es hier ein Weihnachtslied gab, in dem von Butterstollen die Rede war, „so lang wie die Ofenbank"! Er mußte den an Dampf- und Fernheizungen Gewöhnten erklären, was das ist: eine Ofenbank. Die hölzerne Bank rings um den alten Kachelofen. Erst jetzt bemerkten die meisten, daß auch in Michels Stube eine stand und ein paar der Mädchen sogar darauf saßen. Erneut winkte der Hanskuno-Michel ab: Sie seien ja wohl nicht zu ihm gekommen, daß er ihnen Geschichten erzähle. „Zur Hauptsache! Und da gibt es nicht viel zu reden, sondern nur ..." Zu sehen, zu schauen, wollte er sagen. Aber das wußten sie ja schon. Deswegen waren sie ja gekommen. Deswegen kamen alle die vielen Besucher hierher. Und zudem hatten sie das Schaustück immer vor Augen.

Der Hanskuno-Michel griff an einen Hebel, und schon kam Leben in die bunte, vielgestaltige Welt des großen Weihnachtsberges: Die Figuren begannen zu laufen, zu hämmern, Karren zu schieben, Glöckchen hörte man erklingen; das heilige Paar, Maria und Joseph, Maria auf einem Esel sitzend, den Joseph führte, zog hinauf nach Bethlehem, von weitem sah man die Hirten, nach ihnen die Weisen kommen. Es war wie beim Krippenspiel in der Kirche, nur daß es hier hölzerne Gestalten waren, die die Weihnachtsgeschichte nachvollzogen. Die Augen konnten sich nicht satt sehen an den Bildern vor ihnen. Etwa eine Stunde lang standen die Besucher vor dem

Berg. „Ein Wunder der Technik!“ nannte ihn später einer. „Und der Liebe!“ fügte der Pfarrer hinzu. Die Jungen und Mädchen standen und staunten.

Es gab auch danach noch einmal ein kurzes Gespräch mit dem Hanskuno-Michel. Nicht nur der Pfarrer sagte ihm ein „großes Dankeschön“, wie er sich ausdrückte, auch die mit ihm gekommen waren, die vom Dorf und die von auswärts, bedankten sich für das nicht erwartete und so noch nicht gehabte Erlebnis. „Sie tun einen guten Dienst, Vater Hofmann!“ sagte der Pfarrer. Er nannte Michel – aber freilich! – bei seinem wirklichen Namen. „Dargestellte Weihnachtsbotschaft ist das, was Sie weitergeben. Auf eine Weise, die jeder begreift. Eine, die keiner, der sie erlebt hat, vergessen wird. Was man“, er lächelte, „von unseren *Predigten* wohl nicht immer sagen kann!“

Hanskuno-Michel wehrte ab. „Aber Herr Pfarrer ... Erstens können Sie ja nicht alle Weihnachten einen Berg wie diesen in der Kirche aufbauen, und zweitens haben Sie ja auch andres zu predigen als nur die Weihnachtsgeschichte!“ Lachend schied man voneinander, nicht ohne daß manches Markstück und mehr in eine Ecke des Berges wanderten. Als Michel es sah, bemerkte der Pfarrer: „Kein nachträgliches Eintrittsgeld. Betriebskapital sozusagen. Für den Reparaturfonds. Oder falls Sie den Berg vergrößern wollen!“ Aber der Hanskuno-Michel hätte wohl kaum gewußt, wohin damit.

Horcht! Horcht!

Horcht! Horcht!
Of 'n Turm fängt 's Blosen a,
se spieln e Weihnachtslied!
Mir traten z'samm zen Fanster na,
mei Vater, dar spielt miet.

Su blosen se Weihnachten ei,
der Heil'ge Obnd is do.
Ins Herz fällt do e Sternel nei,
dos kimmt vom Himmel roo!
Horcht! Horcht!
Se blosen Weihnachten ei!

Horcht! Horcht!
Nu fängt es Singe a,
wie schie horcht sich's do zu!
Un wos mer net verstiehe ka,
dos waß mer aah esu.

Su singe se Weihnachten ei,
der Heil'ge Obnd is do.
Ins Herz fällt do e Sternel nei,
dos kimmt vom Himmel roo!
Horcht! Horcht!
Se singe Weihnachten ei!

Vertont von Willy Kehrer

Ein Lied ging um die Welt
Viel Lärm um die „Stille Nacht"

„Stille Nacht, heilige Nacht,
wer hat dich, o Lied, gemacht?
Mohr hat dich so schön erdacht,
Gruber zu Gehör gebracht,
Priester und Lehrer vereint!"

Dieses Verslein steht auf einer Gedenktafel am Schulhaus zu Arnsdorf an der Salzach. Es erinnert an das dort entstandene und zu den volkstümlichsten seiner Art zählende Weihnachtslied von der „stillen, heiligen Nacht". Sein Textdichter war der damalige Hilfsprediger Joseph Mohr. Vertont hat es der Lehrer und Organist Franz Xaver Gruber.

Joseph Mohr wurde am 11. Dezember 1792 in Salzburg geboren. Sein Vater wird in einer spärlichen Aktennotiz als „Soldat" bezeichnet, in einer späteren als „Soldat, verstorben"; es ist nicht bekannt, ob eines natürlichen Todes gestorben oder gefallen in einer Schlacht der Befreiungskriege des Jahres 1813. Von 1811 bis 1815 weilte Joseph Mohr im Priesterseminar. Am 20. August des letztgenannten Jahres wurde er in der Domkirche zu Salzburg zum Diakon, tags darauf zum Priester geweiht. Wiederum einen Tag später wies ihn das Anstellungsdekret als Koadjutor (d. i. Amtsgehilfe eines katholischen Geistlichen) nach Mariapfarr im Lungau. Wohl des dort rauhen Klimas wegen erkrankte er 1817, kehrte ins Priesterhaus nach Salzburg zurück, wo er rasch genas, so daß er bald darauf seelsorgerlichen Aushilfsdienst in dem nahe bei Salzburg gelegenen Oberndorf übernehmen konnte. Dort auch wurde er dann fest als Hilfspriester angestellt.

Franz Xaver Gruber kam als drittes Kind armer Webersleute in Unterweizberg bei Hochburg zur Welt. In seinem kleinen entbehrungsreichen Leben stand allein die Freude an der Musik obenan. Was freilich dem von wirtschaftlicher Not geplagten Vater wenig behagte. Er wollte von solcherlei „Allotria" seines Jungen, wie er die Musik zu bezeichnen pflegte, nichts wissen. Nach dem Willen des Vaters hatte der Franzl vom zehnten Lebensjahr an alle seine Gedanken auf die Arbeit am Webstuhl zu lenken.

Heiter und traurig zugleich verlief des auf die Musik und das Lernen versessenen Jungen weiterer Weg. Er schlich sich des Nachts, ohne daß der Vater es bemerkte, davon, um beim Schullehrer Peterlechner heimlich Unterricht im Lesen und Schreiben und in der Musik zu nehmen. Nur als der Vater einmal in des Buben Schlafkammer Holzpflöcke in die Wand getrieben fand, wurde er nachdenklich und beobachtete den Franzl insgeheim, ob er wohl etwas erfinde. Der sonst so gewitzte Vater kam freilich nicht dahinter, daß der Junge auf den Holzpflöcken Klavierübungen betrieb. Hatte Gott selbst die Hand im Spiel, die einzelnen Wegstationen zu bereiten, die später der Welt eines der schönsten Weihnachtslieder schenken sollten?

Eines Tages lag der Organist der Unterweizberger Kirche krank zu Bett, und es war beim Hochamt niemand zur Stelle, der die Orgel hätte spielen können. Kurz entschlossen sprang der Weberbub zur Orgel und ließ sie zum Erstaunen und zur Freude der kleinen Gemeinde zu deren voller Zufriedenheit erklingen. Das wandelte auch den Sinn des Vaters: Er erlaubte dem Jungen den weiteren Musikunterricht und erstand, sogar um den für ihn wahrhaftig hohen Preis von fünf Gulden, ein altes Spinett. So wurde aus Franz Xaver Gruber statt eines Webers ein Lehrer und Organist.

Gruber wurde am 25. November 1787 geboren und ist 1854 gestorben (1854 nach einer dem Autor vorliegenden handschriftlichen Mitteilung eines Ururenkels Grubers, nicht wie in Gesangbüchern unterschiedlich mit 1865 und 1868 angegeben!). In Arnsdorf bzw. Oberndorf kam es zu der denkwürdigen Begegnung Joseph Mohrs mit Franz Gruber und der Entstehung des Liedes „Stille Nacht, heilige Nacht".

Mohr war, wie erwähnt, Hilfspriester in Oberndorf und unterstand dort dem Pfarrprovisor (d. i. Verwalter einer Pfarrstelle) Nöstler. Der scheint seinem Hilfspriester nicht sonderlich gewogen gewesen zu sein; denn er erstattete eines Tages über ihn an das Konsistorium folgenden Bericht: „Sein Wesen ist noch jugendlich unbesonnen hingebend. Burschenmäßig geht er mit der langen Tabakspfeife und dem Beutel an der Seite über die Gasse. Er spielt und trinkt und singt mit anderen oft nicht erbauliche Lieder. Beim letzteren großen Wasser fuhr er gleich anderen Schifferbuben im Nachen herum. Das Studium und die Ausbildung zur Seelsorge scheint er zu vernachlässigen und seiner Vorliebe zur Musik und musikalischen Unterhaltung alles aufzuopfern."

Der Dechant von Sankt Georgen, der dem Domkapitel vorstehende Geistliche, den das Konsistorium zur Stellungnahme zu dieser Beschwerde aufgefordert hatte, antwortete darauf am 24. Oktober 1818 u. a.: „Was seine Kanzelvorträge betrifft, so hört die Gemeinde dieselben gern, und dieselben lassen keineswegs auf Vernachlässigung des Berufsstudiums schließen. Es ist übrigens wahr, Koadjutor Mohr liebt Unterhaltungen und besonders musikalische, nimmt daher gar gern derlei Einladungen an und läßt sich sowohl in Kirchen als auch in musikalischen Gesellschaftszirkeln in der Nachbarschaft gern verwenden. Joseph Mohr hat verlangt, von Oberndorf fortzukommen, weil unter dem Pfarrprovisor Nöstler keine rechte Ordnung herrsche." So kann es hinausgehen, wenn Brüder *nicht* „einträchtig beieinander wohnen" (Ps 133, 1). Und sodann: Genau zwei Monate nach jenem Gutachten des Dechanten schrieb Joseph Mohr seinen so musikgerechten Text „Stille Nacht, heilige Nacht".

Darüber berichtet eine Grubersche Familiennotiz: „Es war am 24. Dezember des Jahres 1818, als der damalige Hilfspriester Herr Joseph Mohr bei der neu errichteten Pfarre Sankt Nikolaus in Oberndorf dem den Organistendienst vertretenden F. X. Gruber ein Gedicht überreichte mit dem Ansuchen, eine hierauf passende Melodie für zwei Solostimmen samt Chor und für Gitarrenbegleitung schreiben zu wollen. Letztgenannter überbrachte am nämlichen Abend noch diesem musikkundigen Geistlichen gemäß Verlangen seine einfache Komposition, die sogleich in der heiligen Nacht mit allem Beifall produziert wurde."

Vorstehende Notiz erwähnt nichts davon, daß Mohr seine Verse erst am 24. Dezember oder am Abend zuvor gedichtet habe. Doch ist das anzunehmen, weil Joseph Mohr seine Dichtung sonst wohl früher zur Vertonung vorgelegt haben würde. Auch spricht für die kurzfristige Anfertigung sowohl des Textes als auch der Melodie eine anderwärts überlieferte Bemerkung, daß die Kirchenorgel durch erhebliche Sturmschäden nicht spielbar gewesen und das Lied, zur Gitarre vorgetragen, als Ausweg aus dieser Misere gedacht gewesen sei. Nach Grubers eigenem Zeugnis spielte er zur Erstaufführung an jenem 24. Dezember 1818 selbst die Gitarre und sang die Baßstimme, Joseph Mohr sang die Tenorstimme, und der Kirchenchor stimmte in die Schlußworte ein.

Das Lied machte rasch die Runde durch die Lande. Es wurde als „Volkslied aus der Steiermark", als „Volkslied aus dem Zillertal" und in Deutschland geraume Zeit als eine Schöpfung Joseph Haydns angesprochen. Im Jahre 1846 fragte die Hofkapelle in Berlin im Salzburger Benediktinerstift St. Peter an, ob dort das Manuskript des „Weihnachtsliedes Stille Nacht, heilige Nacht von Michael Haydn" vorhanden sei. Der Komponistenname Gruber gelangte durch einen der Söhne F. X. Grubers zum ersten Mal an die Öffentlichkeit.

Joseph Mohr hat für sein Weihnachtslied sechs Strophen geschrieben. Von den sechs des Urtextes werden heute nur noch die erste, die zweite und letzte gesungen. Hier die dazwischenstehenden des Originals:

Stille Nacht, heilige Nacht,
die der Welt Heil gebracht.
Aus des Himmels goldenen Höh'n
uns der Gnade Fülle läßt seh'n
Jesum in Menschengestalt.

Stille Nacht, heilige Nacht,
wo sich heut' alle Macht
väterlicher Liebe ergoß
und als Bruder huldvoll umschloß
Jesus die Völker der Welt.

Stille Nacht, heilige Nacht,
lange schon uns bedacht,
als der Herr, vom Grimme befreit,
in der Väter urgrauer Zeit
allen Schonung verhieß.

Weihnachtsfrieden

Überol de Lichter brenne,
Weihnachtsglanz in jeden Haus.
Un dar Glanz erfüllt de Herzen,
le'cht aus jeden Fanster raus,
taucht de Walt in Glück un Frieden,
daß mer bluß sich wünscht un denkt:
daß e Zeit käm, die für immer
uns en setten Frieden brängt.
Von allaa wärd se net komme.
Sehne nooch 'ner Walt voll Ruh' –
do muß mer gewieß aah salber
wos ze setten Frieden tu'.

Vom Beschenken und Bescheren

Zu dem Schönsten der Weihnacht gehört das gegenseitige Sichbeschenken, die Bescherung, sonderlich wo Kinder da sind. Wir können uns Weihnachten ohne das kaum denken. Und doch ist die Bescherung nicht immer Brauch und keineswegs immer hoch eingeschätzt gewesen.

Der älteste Nachweis weihnachtlichen Schenkens dürfte eine Ermahnung des Caesarius von Arles (gestorben im Jahre 543) sein, „die Armen zu Weihnacht zu beschenken und zu Tische zu laden", die freilich auf altrömische Festbräuche zurückgehen könnte. Neben üppigen Tafeleien war zu den am 17. Dezember beginnenden Saturnalien auch gegenseitiges Beschenken üblich. Doch verging nach der Ermahnung jenes Caesarius fast ein Jahrtausend, ehe Weihnachten zum Geschenkfest wurde.

Aus der Zeit um 1400 liegt eine Schilderung des Weihnachtsfestes von dem Priester Aleso vor, aus der ersichtlich ist, daß die Sitte des Beschenkens damals wohl vorhanden, aber doch etwas Ungewöhnliches und Verwunderliches war. „Wie hat sich in diesen gnadenreichen Stunden", berichtet er, „so ganz des Menschen Natur verkehret, die sonst gar festhält an Hab und Gut." Er bezeugt, daß „die gläubigen Christen an diesem Abend freigebiger sind als zu anderen Zeiten zu Ehren und zum Gedächtnis jener Freigebigkeit vom Himmel. Gott selbst schickte einen solchen großen und segensreichen freigebigen Abend, wie er einen größeren im ganzen Himmel nicht hatte, nämlich seinen eingeborenen und geliebten Sohn. Darum schenken sich auch die Menschen erfreuende, wohlschmeckende und vor allem süß duftende Dinge ... Ehrbare Greise öffneten an diesem Abend freigebig ihre Häuser bis zum Dache, damit jeder Bedürftige eintrete und sich erquicke, ja, die Alten bewiesen Freigebigkeit in dieser Nacht nicht nur den Menschen, sondern auch den Tieren, indem sie ihnen an diesem Abend mehr Futter gaben als sonst. Ebenso pflegten die Alten in dieser Nacht die Taschen offenzuhalten, damit, wohin sie auch gingen, das Geld ihnen besser zur Hand sei, um es den Armen zu geben."

Ehe die Sitte des Geschenkegebens am Weihnachtsabend aufkam, kannte man nur das Almosengeben an Kranke und Bettler. Außerdem die Überreichung von Geschenken, die sich aus einer Verpflichtung herleiteten. So hatte der Lehnsmann wie der Knecht ein Recht auf bestimmte Gaben, und die Herren und die Klöster empfingen Geschenke, die im Grunde nichts anderes als Steuern waren. Auch Tauschen von Ehrengaben gab es. Dieses und das Entgegennehmen der „schuldigen Geschenke" fand zu Beginn des neuen Jahres statt, verschob sich aber nach und nach auf Weihnachten. Dieses Geschenkegeben wurde später zu gesetzlich geregelten Zahlungen, zu Pflichtleistungen. Doch kamen daneben nun aber auch die freiwilligen Gaben auf.

Die Bescherungszeiten wechselten: von Neujahr auf Weihnachten bzw. vom Nikolaustag auf Weihnachten. Auch Verbote gab es. So um 1450 zu Konstanz, wo den Paten verboten wurde, ihren Patenkindern zu Weihnachten Gebäck und andere Dinge zu schenken. Um 1600 wurde das Geschenkegeben zwischen erwachsenen Personen untersagt. Die Ordnungen und Bräuche waren regional verschieden. Bereits im 17. Jahrhundert wird der Nürnberger „Kindelsmarkt“ erwähnt. Eine Chronik besagt darüber, daß „die kleinen Kinder von Nürnberg überzeugt sind, das Christkind kaufe hier die Sachen ein, die es nachher am Weihnachtsabend unter sie verteilen wolle“. Aus dem Jahre 1705 ist eine Schrift bekannt, in der Weihnachtsgeschenke der Eltern als „heidnisch“ abgelehnt werden.

Aus dem Jahre 1571 liegt aus dem Erzgebirge ein Nachweis dafür vor, daß die Geschenke als „Bündel“ auf den Weihnachtstisch gelegt wurden. Der Wolkensteiner Pfarrer Thomas Winzer berichtet, daß gewöhnlich darin enthalten waren: Christstollen, Zucker, Pfefferkuchen, Birnen, Äpfel, Nüsse, ferner Puppen; also Naschereien, ein Spielzeug, ein Kleidungsstück, ein Geldstück und ein „Schulstück“. Aber freilich vermochten solchen „Reichtum“ wohl auch nur vermögende Eltern zu verschenken. Auch fehlte in diesen sogenannten „Christbürden“, wie die „Bündel“ später genannt wurden, gewöhnlich die Rute nicht. Aus einer Rechnung vom Jahre 1572 wissen wir, daß selbst der Kurfürst August von Sachsen den Geschenken für seine Kinder zwei Ruten beigelegt hat; sechs Pfennige waren dafür verausgabt worden.

Eine andere Art der Bescherung wurde gebräuchlich, als es Sitte wurde, einen Christbaum im Zimmer aufzustellen. 1605 wird aus Straßburg berichtet: „Auf Weihnachten richtet man Tannenbäume zu Straßburg in den Stuben auf, daran hänget man Rosen aus vielfarbigem Papier geschnitten, Äpfel, Oblaten, Zischgold, Zucker.“ Ungefähr vierzig Jahre später heißt es in einer anderen Straßburger Schrift, daß der mit Puppen und Zuckerwerk behängte Baum abgeleert wurde. Kleinere Geschenke wurden auch später noch am Christbaum befestigt, während die größeren an dessen Fuß niedergelegt wurden.

Wie bescheiden es mit den Weihnachtsgeschenken in früherer Zeit zuging, berichtet u. a. Johann Wolfgang von Goethe von einer Weihnachtsfeier, die er 1767 in Leipzig erlebte. Da mußten sich die Kinder des Kupferstechers Stock mit einem „Päckchen braunem Pfefferkuchen, welches der Herr Pate geschickt“, begnügen. Selbst in wohlhabenden Bürgerhäusern waren lange Zeit vorwiegend nützliche Geschenke die Weihnachtsbescherung.

Unübersehbar ist, daß das Schenken, das Bescheren zur Weihnacht, ob Armen und Bedürftigen oder den Kindern, seinem Ursprung, seiner Geschichte nach umstrahlt war vom Wunder der Geburt des Jesuskindes. Es ist längst mehr daraus geworden, als es in der Vergangenheit war, und es ist doch immer noch etwas von dem Eigentlichen und Ursprünglichen geblieben: Freudebereiten, wie es schöner die Freude der biblisch bezeugten Weihnacht nicht widerspiegeln kann.

E Hampfel Hei

Jedesmol ze Weihnachten, wenn ich meine Gunge mit ihrer elektrischen Eisenbah, mit ihrn Laabsagkasten, ihrn Baukasten un ihre Bauklötzer spieln sah, wenn se ihre neie Kinnerbücher lasen, wenn se schnitzen, baue un basteln un e mannichsmol net wissen, wos se zeerscht agucken un machen solln, noochert muß ich an meine Kinnerzeit denken, wie's bei mir gewasen is, wu ich noch e Gung gewasen bie.

Ich bie epper fünf Gahr alt gewasen. Mir wuhneten bei men Grußvater un meiner Grußemutter. Wie's ze dare Zeit of Weihnachten zuging, do hot mich mei Grußvater emol miet nauf ins Öberdorf genomme. Ich krieget en dicken Mantel agezugn, dicke Strümp un Filzschuh an de Füß, en grußen Schal üme Hals un e Mütz of ne Kopp, die mer über de Uhrn ziehe konnt. Esu machet ich mit men Grußvater es Dorf dingsnauf. Dort war e Loden. Viel waß ich net meh dervu. Ober aans waß ich, wie wenn's heit gewasen wär: In dan Loden gob's ganz, ganz viel Viechzeich aus Holz zen Spieln, Küh un Pfar, Ochsen, Kälber, Hünd, Hosen, Hühner, Gäns un Enten ... En ganzen Bauernhuf konnt mer dodermiet aufbaue. Ich stand vür dan Viechzeich un konnt kaa Aag dervu wagwenne. Es wärd aah noch annersch Zeich in dan Loden gabn hobn, ganz gewieß. Ober ich hob bluß die Küh, die Pfar un wie die Viecher alle hießen gesah. Aane Kuh gefiel mir besonnersch gut. Se sohg graa aus un hatt en schwarzen Flack of der Seit, un se war esu gruß, daß se gerod in mei Hand neipasset. Wenn ich se när hätt neinamme dürfen! Ich durft se – un aah die annern Sachen – bluß agucken. Un wie mei Grußvater dacht, daß ich se genung ageguckt hätt, sat er: „Nu giehe mir wieder eham!" An der Tür hob ich mich noch emol ümgedreht. Die Kuh mit dan schwarzen Flack gucket mir nooch, wie wenn se sogn tät: Warüm nimmst de mich dä net miet? Ach, die konnt doch net wissen, daß ich se für mei Labn gern mietgenomme hätt!

E paar Obnd lang traamet ich von nischt annern wie von dare Kuh. Ich hatt se net un hatt se doch. Ich hatt aah e Wögele derzu, un ich tat se eispanne un tat mit'r durch unnere Stub fahrn ... Ober allemol früh war mei Kuh wag un mei Wögele aah.

Noochert kam der Heilige Obnd. Ich bie schu zeitig aufgewasen. Se hatten mir alle derzöhlt, daß heit der Rupprich käm. Wenn mer vier, fünf Gahr alt is, is dos mit ne Rupprich e sette Sach: Mer glaabt dos net, daß es wärklich en gibt, un mer hot doch e bißl Angst dervür. Esu war'sch aah bei mir: Mit Fraad un Furcht zegleich bie ich rümgeloffen un hob of ne Rupprich gewart't.

Gegn Obnd, wu's afing, finster ze wardn, do passieret ewos, dos hot mich net garschtig aus ne Haisel gebracht. Ich war in der Niederstub bei der Luus-Ernstine gewasen und huppet nu wieder de Trepp nauf ze uns. Do sohg ich of amol of der Trepp – e Hampfel Hei! Richtiges Hei! Su viel wußt ich nu schu, daß zen Winter un bei uns – mir warn doch kaane Bauern! – kaa Hei of der Trepp rümliegn konnt. Ich gucket dos Hampfel a, als wenn's von ne Himmel rogefalln wär. Noochert hob ich's aufgehubn un bie dermiet ze meiner Mutter gerannt: „Mutter, Mutter", hob ich geruft, „guck när emol, e Hampfel Hei log of der Trepp!"

Mei Mutter hot erscht nischt gesat. Se hot bluß mit en tudernsten Gesicht, dos ich heit noch vür mir sah, dos Hampfel Hei ageguckt un noochert gemaant: „Dos hot bestimmt der Rupprich verlurn!"

Der Rupprich? Dar war in ne Haus gewasen? Wenn ich ne nu getroffen hätt!? „Dar hot emende noochgesah", sat mei Mutter, „ob de e guter oder e bieser Gung bist. Doderbei hot er aus sen Sack dos Hampfel Hei verlurn. War waß, wos dar noch alles in sen Sack gehatt hot ..."

Von salliger Stund a hob ich net meh viel gesat. Der Rupprich war dogewasen! Wie mir gassen hatten, nohm mich mei Grußvater miet nüm in die Nachbarstub zen Buschma-Lui. Mir warn noch net lang drübn, do gob's en grußen Krachert's, daß ich vür Schrack ganz weiß wurdn bie. Mei Grußvater sat: „Itze war er wieder do!" Ich wußt schu, wan er maanet, un hatt nu bluß noch Angst un kaa Fraad meh. Dos is mir noochgange, bis ich gruß wurdn bie un salber Kinner hatt. Do hob ich derfür gesorgt, daß kaa Rupprich ins Haus komme is. Jedenfalls net, su lang sich meine Kinner noch vür ne gefärcht't hobn. Wu se verstännig genung warn, daß se von salber wußten, daß es ne Nachbar sei grußer Gung oder der Nachbar salber is, do hobn mir gern dan klan Spaß mietgemacht.

E Weile nooch dan grußen Krachert's sat mei Grußvater: „Itze is er emende wieder fort! Do wolln mir när emol nüber giehe un sahe, ob er dir ewos gebracht hot!" Erscht wollt ich net miet naus. Ober mei Grußvater nohm mich bei der Hand. Ich hob mich fest bei ne agehalten, un esu sei mir die zah Schriet von ne Buschma-Lui ze uns nüber gange. Wie mei Grußvater de Stubntür aufmachet, brannten drinne de Lichter of ne Weihnachtsbaam, un mei Mutter sat: „Nu guck när emol a! Der Rupprich war do!"

Do sohg ich ..., do sohg ich ... Of dan Tischel, wu der Baam drauf stand, stand aah mei graae Kuh mit dan schwarzen Flack of der Seit! Se war vür e klaa Wögele gespannt un hatt en Haufen Hei vür sich liegn, richtiges Hei! Ich hob se vür Fraad in de Händ genomme, of de Diel gesetzt un in der Stub rümhargefahrn. Mei graae Kuh! Dos Hampfel Hei of der Trepp hatt zu meiner Kuh gehärt! Wie der Rupprich war noochsahe gewasen, hatt er'sch verlurn!

Ich wußt net, wos ich machen sollt vür Fraad. Ich hob ne ganzen Obnd mit meiner Kuh gespielt, un wie ich ze Bett giehe mußt, hob ich se miet ze Bett genomme. Ober nu dürft ihr fei net denken, daß dos mei aanziger Heiliger Christ gewasen is! Ich hob aah noch ne neie Mütz un en grußen Pfafferkuchn mit en bunten Bild drauf kriegt! Es Schönnste ober war mei Kuh mit dan schwarzen Flack of der Seit ...

Mei alter Bargmah

Ofn Fanster nooch der Stroß zu
is mei Bargmah aufgestellt.
In de Händ zwee weiße Lichter,
frögt er jeden, ob er ne gefällt ...
Doch de Leit gieh' hinnewieder,
kaan's guckt men schönn Bargmah a,
hobn derham emende schönn're ...,

ober ich, ich fra mich dra.
Fufzig Gahr un meh schu stieht er,
kimmt Weihnachten, ofn Fansterstock.
Alt un graa is sei Gesichtel,
un verschossen is sei schwarzer Rock.
Ober mir is er es Liebste
von men ganzen vielen Weihnachtszeich;
dä er trögt in sen zwee Händen
's schönnste Stückel von men Kinnerreich:
War er doch es Allererschte,
wos mir, in der Wieg noch, wur' beschert.
Drüm wärd aah dar alte Bargmah
meh noch wie es neie Zeich geehrt.
Brenne seine weißen Lichter,
un ihr Glanz steigt an de Stubndeck nauf,
un ich guck in ihr Geflimmer,
steigt mei Labn, mei ganzes, vür mir auf ...

E schiene Beschering

Emol üm ne erschten Advent rüm hatten mir unnere klaane Angelika, unner Enkele, ze Besuch. Se war dozemol epper zwee Gahr alt. Ihre Leit wuhneten salling in Berlin, un wall se emol verraasen mußten, hobn se ihr klaa Maadel bei uns ogeliefert. War dos e Fraad, daß mir emol dos klaane Würschtel für uns ganz allaa hatten! Richtig gung sei mir doderbei wieder wurdn. Dos haaßt, esu alt warn mir nu aah noch net, daß mir net meh gewußt hätten, wie mer mit klaane Kinner ümzegiehe hot! Mir hobn dare Klann ugefahr jeden Wunsch derfüllt. Wu gibt's dä dan Grußvater un die Grußmutter, die dos net esu machen?! Un esu gefahrlich, wie de Eltern von dan Klann e mannichsmol tue, is dos gar net. Wagn en Zuckerle oder e Platzel Schokelade nooch ne Mittigassen un wos mer nu dan klann Dingern esu neistoppt, kaa mer noch net epper von „Verziehe" reden. Un außerdam: De Kinner mögn när ruhig sei! Wu se salber klaa warn, hobn se aah net naa gesat, wenn se mol e Eis assen oder en Lutscher kaafen durften! Alsu, mir hatten unnere klaane Angelika do, un se hot sich gefühlt wie e klaane Königin. Abn daswagn, ich sat's ja gerode. Un wall dos nu esu schie mit'r war un wall gerode Advent war un Weihnachten vür der Tür stand un wall mir ze Weihnachten net würdn nooch Berlin fahrn könne, üm dort der klann Angelika ze beschern, do saten mir zeenanner: „Dos machen mir *itze!*" Warüm dä aah net! Of e paar Wochen zevur wür'sch nu net akomme!

Alsu bauet mei Fra in der Stub e klaa Tischel mit allnmöglichn Nascherеie drauf auf, un noochert hob ich de klaane Angelika neigeführt, un de Beschering sollt lusgiehe. Se ging aah lus. När e fünkel annersch wie mir gedacht hatten. De Klaane gucket dos Zeich a, tat sich emende aah drüber fraae, ober se nohm nischt dervu. Se sat of aamol bluß: „Paulln!" Nischt wetter wie: „Paulln!"

„Paulln? Wos ist dä dos?" hobn mir'sche gefrogt.

„Nu Paulln!" sat se, dos Wort „Paulln", dos mir, mei Fra net un aah ich net, in unnern ganzen Labn noch net gehärt hatten, eweng darber wie zevur betunt.

„Paulln? Paulln? Wos solln dä Paulln sei?" sat mei Fra e paar mol un gucket rüm un nüm, gucket de klaane Angelika un gucket mich a, ober kaan's wußt mit dan komische Wort ewos azefange. Dos haaßt, de Angelika gewieß schu, ober derklärn konnt se's uns net. Un se hatt sich nu itze gerode de Paulln un nischt annersch in ne Kopp gesetzt. Dar Tisch, dan mir esu schie aufgebaut hatten, dar interessieret se überhaupt net meh. Paulln wollt se, nischt annersch wie Paulln! Mei Fra kam of de liederlichsten Gedanken: Se machet e Schachtel Praline von der besten Sort auf – „Die sollt'st aagntlich du ze Weihnachten kriegn!" sat se ze mir – un hielt se der Angelika hie. Ober die zug bluß en grußen Flunsch, schüttlet mit ne Kopp un verlanget Paulln! Es Heiln stand'r nahnder wie es Lachen. Un uns sachte aah.

„E schiene Beschering!" sat ich. Erscht wollt ich noch sogn: „Dos hast de nu dervu ... mit deiner Beschererei vür Weihnachten!" Ober dos sat ich net. Dodervu wär die Beschering emende bluß noch „schönner" wurdn, un außerdam war ich aah salber miet derfür gewasen. War konnt dä ahne, daß e settes Theater draus wardn wür'!? Mei Fra is nunner in ne Kaller un hot e Glos Kompott raufgehult. Es letzte Glos Erdbeer, dos mir drunten stiehe hatten un dos mir aagntlich zen Heilign-Obnd-Assen aufmachen wollten. De klaane Angelika gucket gar net hie. Se wollt kaane Erdbeer, se wollt Paulln. Wenn unnere Kinner wen'gstens derham un net verraast gewasen wärn, ich hätt se ageruft oder e Telegramm aufgabn und hätt se gefrogt, wos dä Paulln sei. Die hätten's doch wuhl wissen müssen. Su ober soßen mir nu do un wußten net, wos mir machen sollten. De Klaane hatt sich derweile immer meh in ihrn Paullnfimmel verstiegn, se tat närgeln un darwiern, fing a zu heiln un machet uns alle stiwiet. Mei Fra hot noch ewos versucht. Se machet nüber zer Nachbarn, die aah e klaanes Enkele hot, en Gung von vier Gahrn: ob die epper wüßt, wos Paulln wärn, un uns halfen könnt. Es gibt e manniche Nut of dare Walt. Ober in ner setten warn mir noch net gewasen. Emende überhaupt noch niemand. Aah mit der Nachbarn war'sch nischt. Se kam geleich salber miet rüber. „Paulln?" sat se, wie se zer Tür reikam. „Wos soll dä dos sei?"

„Dos frogst de *uns*?!" sat ich, e fünkel verärgert, muß ich zugabn; dä dos hatten mir doch gerod von *ihr* wissen wolln. Nu troten mir ze viert do, un de klaane Angelika tat immer noch an ihre Paulln rümquengeln.

Do endlich kam de Retting. Es klinglet, un unnere Schwiegertochter, de Fra von unnern Grußen, kam. Die ka's aah net wissen! war mei erschter Gedanke; dä die warn kaam erscht verheirat't un hatten noch nischt mit Kinnern un mit Paulln ze tue. Ober do hatt ich mich getaischt. Es war unner Glück, daß unnere Ingrid kam. Dä ich wüßt net, wie die Geschicht sist nausgange wär'. De Ingrid war kaam zer Tür rei, do schrie de Angelika of aamol voller Fraad: „Paulln! Paulln!" Se zeiget of de Ingrid – ja, un do ging uns nu endlich dos Lichtel über die Paulln auf! – un of der Ingrid ihre Perlnkett, die se üm ne Hals hänge hatt! Paulln, dos warn Perle, aafach Perle, rute, weiße, grüne klaane zuckrige Perle! Mir hobn net garschtig gelacht, wie dos Ratsel nu endlich gelöst war. Do will mer e gruße Beschering un ne klann Enkele e Extrafraad machen – un noochert will dos wetter nischt wie bunte Zuckerperle. Paulln, maan ich. Der Ingrid mußten mir ober nu erscht emol alles derklärn. Dä die wußt net, warüm mir esu aus'n Haisel warn. Ich sat ze meiner Fra: „Es is derwagn gut, wenn mer sich aah außer der Zeit eweng schie macht ... e schiene Perlekett üm ne Hals zen Beispiel!" Ober do drehet se mir e paar Aagn na, daß ich lieber wieder ruhig war. När dos sat ich noch: „Es blebt dir itze nischt wetter übrig, du wärscht fix emol nunner in ne Konsum giehe un e Tüt sette Perle kaafen müssen, daß de Klaane Ruh gibt!"

Dos sohg aah mei Fra ei, un se machet aah geleich feeder. Ober vürsichtig wie ich bie, hob ich ihr doch noch noochgeruft: „Verlang fei Perle un kaane Paulln! Sist gieht do unten dos Theater noch emol von vorne lus!“

Wie Jochemann dennoch sein „Weihnachten“ bekam

Seit Jahren wohnten sie miteinander im gleichen Haus: parterre die Richters, denen das Haus gehörte, im ersten Stock zur Miete die Elßners. Sie waren befreundet miteinander, verstanden und vertrugen sich recht gut, was gar nicht immer so ist bei Leuten, die dicht beieinander hocken. Als sich bei den Richters nach langem Warten ein Söhnchen einstellte, war die Freude bei beiden Ehepaaren gleich groß, zumal die Elßnersche Ehe kinderlos war und blieb. Der Junge wurde auf den Namen Jochen getauft. Aber es dauerte nicht lange – lag es nun an seinen Eltern oder an den beiden andern, die den Kleinen gleichfalls wie ihren „Eigenen“ ansahen –, da war Jochen einfach der „Jochemann“. Innerfamiliär, versteht sich. Es schwang von allen Seiten her viel Liebe mit in diesem Kosenamen. Und der Junge war überhaupt von viel Liebe umgeben. Kein Wunder auch, wo er doch sozusagen zwei Väter und zwei Mütter hatte! Ob, was ihm auf diese Weise alles widerfuhr, pädagogisch immer richtig war, steht freilich auf einem andern Blatt. Eines Tages passierte die Sache mit Jochemanns – um es einmal so zu nennen – „Vorweihnachtsgeschichte“.

Die Adventszeit hatte noch nicht begonnen, da besprachen sich die Richters bereits wegen des Weihnachtsgeschenkes, das Jochemann bekommen sollte. Der ging damals das fünfte Jahr zur Schule. „Eine elektrische Eisenbahn hat er sich gewünscht“, sagte die Mutter.

„Keine Kleinigkeit!“ meinte der Vater. Aber es klang keineswegs nach Widerspruch. Jochemann, der einzige Junge! Was tut man nicht alles für so einen „Goldsohn“, wie der Vater ihn manchmal nannte. Und so sagte er: „Ich werde mich danach umsehen.“ Das tat er auch. Und schon nach ein paar Tagen konnte er der Mutter vermelden: „Geht in Ordnung! Es sind genug davon da. Trotzdem habe ich eine zurücklegen lassen. In der Woche vor dem Fest können wir sie abholen." Nach dem Preis fragte die Mutter nicht. Schließlich war der Jochemann ... Aber das sagte ich ja bereits.

Etwa drei Wochen vor Weihnachten war die dumme Geschichte mit der Lehrerin. Das heißt, deren Geschichte war es gar nicht; Jochemanns Geschichte war es. Aber die Lehrerin rückte den Richters ausgerechnet kurz vor Weihnachten damit ins Haus. Sie wird gedacht haben: Einmal muß es ja gesagt werden, und je eher, desto besser! Vielleicht, daß so noch was zu retten ist. Natürlich hätte sie damit bis *nach* Weihnachten warten können. Vielleicht hatte sie auch schon *zu lange* damit gewartet. Kurz und gut: Jochen sei versetzungsgefährdet, sagte sie und fügte hinzu: „Wenn er so weitermacht." Das war ziemlich allgemein gesprochen, aber die Lehrerin wies sogleich an Hand von Zahlen nach – es handelte sich dabei um Zensuren und um unentschuldigte, wie es sich herausstellte, ohne Wissen der Eltern versäumte Unterrichtsstunden –, worum es ging.

„Eine schöne Bescherung!" sagte der Vater. Ein gar treffliches und um Weihnachten manchmal gesprochenes Wort.

„Noch läßt es sich ändern!" meinte die Lehrerin. Sie sprach von der gefährdeten Versetzung und dem, was Jochen zu tun hätte, um doch in die nächste Klasse versetzt zu werden. Allzuviel Zeit blieb Jochemann nicht mehr. Aber es würde zu schaffen sein, wenn er ... Wieder machte die Lehrerin an konkreten Zahlen deutlich, was Jochen alles aufzuholen hätte. „Und das kann er, wenn er nur will!" fügte sie hinzu.

„Das hat mir noch gefehlt!" polterte der Vater los, als die Lehrerin gegangen war. Etwas unlogisch; denn der Vater hatte sich bislang keine ernstlichen Gedanken und Sorgen um seinen „Goldsohn" gemacht. Noch heftiger wurde des Vaters Unmut, als Jochemann vom Spielen bei einem seiner Freunde nach Hause kam. Die Feder sträubt sich, es wiederzugeben. Das nur: Es gipfelte in der ungeheuerlichen Androhung, einer offensichtlich ernst gemeinten, Jochemann solle sich ja nicht einbilden, daß er zu Weihnachten etwas bekomme. Diesmal nicht! Das habe er sich selbst zuzuschreiben. „Das hast du einfach nicht verdient!" Und noch danach, als der Junge längst mit verheulten Augen im Bette lag, wiederholte es der Vater: „Nein, so was! Da will man ihm eine Freude machen ... Aber das hat er nicht verdient! Eine Tafel Schokolade, ein paar Pfefferkuchen, meinetwegen. Aber nicht die elektrische Eisenbahn, die nicht, die nicht!"

„Das kannst du doch nicht machen!" jammerte die Mutter.

„Ach", erwiderte der Vater, „hat *er* sich vielleicht Gedanken gemacht, ob *er* das machen kann?"

So ging es bei den Richters hin und her. Der Vater beharrte auf seinem Standpunkt. Die Mutter versuchte mildernde Umstände für Jochemann zu erwirken. „Er wird sich bestimmt ändern!" prophezeite sie. „Sie hat ja gesagt, daß er kann, wenn er nur will. Es wird ihm eine Lehre sein und ..."

„Da hast du recht!" warf der Vater ein. „Das wird ihm eine Lehre sein! Ein Geschenk, zumal ein solches, muß man doch wohl verdient haben, das fällt einem nicht in den Schoß!"

Noch während er sprach, kamen die Elßners vom ersten Stock zur Tür herein. Sie wußten noch nicht, worum es ging. Aber den letzten Satz Vater Richters konnte Jochemanns „Zweitvater" auch so nicht gelten lassen. „Wieso?" sagte er. „Was ich mir selbst verdiene, ist ja wohl kein Geschenk mehr!" Doch hörten sich die Elßners erst einmal an, was geschehen war. Da sah die Sache natürlich anders aus, und auch die Elßners machten betroffene Gesichter, als sie alles wußten.

„Trotzdem ...", sagte Herr Elßner schließlich. „Trotzdem ... Nein, so geht das nicht!"

„Was geht hier nicht?" fragte Vater Richter.

„Daß das eine mit dem andern vermischt wird!" Herr Elßner fuhr sogleich ein schweres Geschütz auf. Ihm war ein Gedanke gekommen. „Dann könntest du nämlich überhaupt kein Weihnachten feiern! Heuer nicht. Und nächstes Jahr nicht. Und überhaupt nie mehr."

Vater Richter sah seinen Freund mit großen Augen an. Er verstand nicht, was der meinte. Der lachte und sagte: „Oder hast *du* dir etwa dein Weihnachten ‚*verdient*'? Ich meine Weihnachten, was es bedeutet, beinhaltet, uns schenken will und schenkt. Gute Zeit, ich will dir keine Predigt halten, ist nicht meine Sache. Aber ich denke, du hast mich auch so verstanden. Weihnachten sich verdienen, das gibt es nicht! Ein Grund, meine ich, trotz der Sache mit der Schule Jochemann die Eisenbahn doch zu schenken." Sie sprachen noch alleweil über Weihnachten, Schenken, Verdienen und Nichtverdienen. Sie sprachen lange und ausgiebig darüber. Und so endete die Geschichte grundecht weihnachtlich.

Zum Heiligen Abend bekam Jochemann seine elektrische Eisenbahn. Die Freude war groß. Trotz stundenlangen Spielens blieb Zeit genug, daß Vater und Sohn ein ernstes und dennoch – versteht sich, es war ja Weihnachten! –

freundschaftliches Gespräch miteinander führten, bei dem auch dem Jungen einiges über den Sinn und die Bedeutung des Weihnachtsfestes aufging, allgemein und konkret für seinen „Fall". Daß ihm *wirklich* einiges darüber aufgegangen war, erwies sich in der Folgezeit: Der Schulschaden wurde ausgebügelt, Jochen wurde versetzt. Es war schon richtig gewesen, daß die Lehrerin mit dieser Sache ausgerechnet in der Vorweihnachtszeit zu den Richters gekommen war. Sie hatte damit den Anstoß zu einem großen Nachdenken gegeben und viel Gutes – weihnachtlich Gutes, würde ich sagen – gestiftet. Bei Jochemann. Bei seinem Vater und seiner Mutter. Bei seinen „Zweiteltern" im ersten Stock des Hauses.

Übrigens habe auch ich selbst aus dieser Schul- und Eisenbahngeschichte viel gelernt. Kein Wunder, denn Jochemann ist mein Freund und hat mir alles erzählt.

Du goldnes Weihnachtsland!

Der Holzreichtum des Waldes und die Bastelfreude in einsamen Wintertagen wurden zu Gründern der erzgebirgischen Holzwarenindustrie. Da reihen sich im Pockautal und oberen Flöhagebiet oder in den tiefen Gründen des Osterzgebirges Kistenfabriken dicht aneinander. Olbernhau stellt feine Möbel aus; Schränke, Küchengeräte und Handwagen entstehen im Flöhatal; Schlitten und Vogelbauer in Globenstein; Koffer und Schaukeln in Marienberg; Schneeschuhe vielerorts. Aber was ist diese Holzwarenindustrie gegen das Weihnachtsparadies von Seiffen und Olbernhau, Grünhainichen und Eppendorf! In den fensterreichen Fabriken, den tiefbeschindelten Schnitzerhäuschen sind Sinn und Hand für die Kinder in aller Welt tätig. Sie zu beglücken, ihnen ein Jauchzen, ein Lächeln in seligen Weihnachtsstunden zu entlocken, mühen sich hier Tausende in feingegliederter Arbeit. Du goldnes Weihnachtsland!

Das Weihnachtsfest heimlich vorzubereiten, zu schnitzen, zu leimen, Verschen zu lernen. Lieder zu singen, Stollen zu backen, Gänse zu rupfen, diese Vorfreuden sind des Wäldners höchstes Glück. Drei „heilige Abende" feiert der Gebirgler: den Weihnachtsabend, Silvester und Hohneujahr. Weihnachten ist Schenkzeit. Selbst die Tiere im Stall werden beschenkt, die Bäume

im Garten mit Stroh umwunden. Stroh wird auf den Fußboden gestreut. Einst lagerte dort die Familie, bis vom Turm Singen und Blasen erklang, bis die Glocken früh um 5 Uhr zur Mette riefen. Hoher Schnee muß liegen, dem Wäldner das Weihnachtsfest zu verschönern. Das ist keine rechte Christmette, zu der man nicht durch knietiefen Schnee watet …

Siegfried Sieber (1885–1977)

Aus pastoraler Sicht: Wandelbare Weihnacht

Ein Pastor kann wohl mehr als andere Leute erleben, wie unterschiedlich, wandelbar in Sitten und Gebräuchen, Weihnachten gefeiert werden kann. Wenigstens, wenn er ab und zu einmal die Gemeinde wechselt, mit den Jahren seiner Amtszeit in verschiedenen Gegenden tätig war und ist. „Andre Länder, andre Sitten!" sagt der Volksmund. Es müssen gar nicht immer gleich andre *Länder* sein, um Weihnachten „anders" zu erleben.

Im Osterzgebirge fing es an. Es war schon recht verwunderlich, daß da – es müsse so sein! – am Heiligen Abend Karpfen als Festgericht aufgetragen wurde. Bei uns daheim, in einer anderen Gegend des Erzgebirges, war Gänsebraten die Gepflogenheit. Wenn man sich ihn leisten konnte. Wenn nicht, tat es auch ein Hase aus dem Stall. Aber Karpfen, Fisch …? Gans am ersten Feiertag, hieß es. Auch das „mußte" so sein. Nun sind freilich Essen und Trinken nicht das Eigentliche der Weihnacht. Die Botschaft ist es, die zur Christmette früh in der Christnacht verkündigt wird. Überrascht hat es da aber doch, daß plötzlich ein Engelchor aufzutreten schien. Wie aus weiter Ferne erklang das Singen zarter Mädchenstimmen. Standen die Sängerinnen vor der Kirchentür? Bei nahezu 20 Grad minus kaum anzunehmen. Und kaum anzunehmen auch, daß es sich um einen wirklichen Chor aus himmlischen Höhen handeln könne. Aber aus der Höhe kam er doch: aus der des Kirchenbodens. Dorthinauf hatte der Kantor, wenigstens zu diesem Zweck, seinen Chor plaziert. Es müsse so sein …

Ganz anders war es im Vogtland. Weihnachten konnte hier offensichtlich nicht lang genug dauern. So gehörte zum festen Bestandteil des Festes immer auch ein Weihnachtsspiel. Ob der Pastor wohl selbst eins schreiben wolle?

Der Abwechslung wegen. Da man doch nicht immer dasselbe spielen könne. Verständlich und auch nicht, da die Weihnachtsgeschichte eben doch immer „dieselbe“ ist. Aber dann zweimal verständlich, als es hieß: Nicht die biblische Weihnachtsgeschichte! Ein Spiel *um* Weihnachten, das irgendwie mit Weihnachten zu tun hat. Natürlich, die Weihnachtsgeschichte der Bibel hörte man in der Predigt. Also etwa, wie es mit dem Lied „Stille Nacht“ zugegangen ist? Oder mit „O du fröhliche“? Wie diese Lieder entstanden sind und was alles dabei sich abgespielt haben könnte? Einverstanden, aber ja. So hatte man gleich zwei, eins für das eine, das andre für das nächste Weihnachten. Zugegeben: eine etwas ironisierende Antwort. In Wirklichkeit hatte man noch keins von beiden. Sie mußten erst geschrieben werden. Und einstudiert! Proben noch und noch. Keine allzu geruhsame Vorweihnachtszeit. Aber am dritten Advent war es soweit: sozusagen „Uraufführung“ nur für die Erwachsenen. Die Kinder durften sich auf acht Tage später freuen. Am vierten Advent dann für sie. Und die „Großen“ konnten, wenn ihnen das Spiel gefallen hatte, natürlich gern noch einmal mitkommen. Spiele gehörten tatsächlich dort zur Weihnacht. Wenigstens damals, vor vierzig und mehr Jahren. Und in der Ecke, in die es mich verschlagen hatte. Wie beliebt „Weihnachten“ dieser Art war, sah man nicht zuletzt an den vielen, die kamen, sie anzuschauen, Weihnachten auf diese so sichtbare Weise mitzuerleben, oder besser: im voraus zu erleben. Denn das Weihnachtsfest stand ja noch bevor und hatte trotz allem Vorweggenommenen seinen weihnachtlichen Glorienschein behalten.

Dann wieder im Erzgebirge, jetzt mehr in der Schneeberger Gegend. Wer dort wohnt oder je dort gewesen ist, der weiß, wie sehr Schneeberg selbst Anziehungspunkt ist: mit seinem Turmblasen, seinen Turmsängern. „O du allerschönstes Märchen meines fernen Kinderlands, erzgebirg'sche Weihnachtswonne, Christgeburt im Glitzerglanz!“ singt Kurt Arnold Findeisen in einem seiner Weihnachtsverse. 1883 in Zwickau geboren, hat er dann in Schneeberg das Lehrerseminar besucht und selbst auch die Schneeberger Weihnacht erlebt. Zieht es auch manchen Gottesdienstbesucher dorthin in die altehrwürdige, im Krieg zerstörte und danach wiederaufgebaute St. Wolfgangskirche, es sind dennoch genug Menschen, die auch in den umliegenden Städten und Dörfern zu Weihnachten die Christmette im heimischen Gotteshaus erleben. Frühzeitig am Tag. „Noch halb in der Nacht“, pflegen die Leute zu sagen. Man will noch „bei Nacht“ wieder zu Hause sein, um auch dort noch einmal die Lichter auf dem Christbaum anzuzünden. Trotzdem steht in den Kirchen vieles auf dem Programm: Chordarbietungen, Posaunenmusik, Krippenspiel und die Weihnachtspredigt sowieso.

Aber mir ist noch etwas ganz anderes als ein „Stück Weihnachten" dieser Gegend in Erinnerung geblieben. Ob es heute noch Sitte und Brauch sein mag? Am Vormittag des Heiligen Abends gingen der Pastor, die Gemeindeschwester, wo es eine gab, und einige Frauen der Gemeinde mit kleinen Päckchen bepackt durchs Dorf, um Kranke und Hochbetagte zu besuchen, die nicht mehr zum Gottesdienst kommen konnten. War das zuweilen ein mühevolles Stapfen durch den Schnee! Oder auch ein gefährliches Gleiten und Schlittern auf eisig gewordenen Straßen! Manchmal auch unterm Regenschirm, weil das Wetter vergessen zu haben schien, daß zur erzgebirgischen Weihnacht nicht Regen, sondern eben Schnee gehört. Der ganze Vormittag ging mit solcherart Dorfwanderung hin. Und müde und abgespannt kam man wieder nach Hause. Gut für den Pastor, wenn er seine Weihnachtspredigt sozusagen schon in der Tasche hatte. Aber es war ein Wandern, das Freude machte. Nicht nur denen, die besucht, die mit einer kleinen Gabe und ein paar Weihnachtsliedern beschenkt wurden, die eine kurze Andacht zu hören bekamen, mit denen gebetet wurde, auch für die, die diesen Dienst taten. Es war einer. Hoch anzurechnen den Frauen, die sich dazu bereit erklärten und kostbare Zeit – letzte Vorbereitungen vor dem Fest! – dafür opferten. Das freilich hätten sie nicht hören wollen. Denn es war für sie selbstverständlich, daß auch das zur Weihnacht gehörte. Zu manchen, die besucht wurden, kam man zum letzten Mal. Von der Gemeinde überbrachte Freude vor dem Heimgang in die ewige Welt. Im andern Jahr kamen wieder andere hinzu. Es standen immer ein paar „dringende Fälle" an. Rückschauend: Diese Vormittage am Heiligen Abend waren mit das Schönste am ganzen Fest. Mit! Denn es gab natürlich noch viel anderes Schöne auch.

Wandelbare Weihnacht. Ob wir von ihr nicht auch selbst gewandelt werden zu immer neuer Erkenntnis, immer neuer Freude – und zu dem Schönsten, das Weihnachten vermitteln und bewirken will: zu immer neuer Liebe?

Die Zeit, das Denken, die Auffassungen mögen sich wandeln. Was einmal Sitte und Brauch war, muß es nicht immer sein. Was hier üblich ist, muß nicht Gepflogenheit auch anderswo werden. Aber Weihnachten selbst bleibt in seiner tiefsten Sinndeutung unwandelbar. Es ist das Fest der großen Kundgebung der Liebe Gottes. Und es bleibt die unabdingbare Folgerung daraus, mit 1. Johannes 4, 19 gesagt: „Laßt uns lieben; denn er hat uns zuerst geliebt!" Die Wege dazu, die Möglichkeiten dafür werden verschieden sein. Sie haben Zeitgestalt. Die Sache selbst bleibt uns aufgetragen. Sie hat Ewigkeitswert.

Die Pyramide

Um Meier-Hermanns Pyramide geht es, eine lange, über Jahre sich hinziehende Geschichte. Die Pyramide überhaupt hat eine noch längere. Schon um 1600 ist für die Mark Brandenburg eine Pyramide nachweisbar. In einer Schneeberger Chronik wird für das Jahr 1678 erstmals eine „Pyramide von lauter Lichtern aufgebaut" erwähnt. Aber lassen wir das. Um Hermann Meiers Pyramide geht es. Meier-Hermann in dem kleinen Städtchen im Erzgebirge, wo er wohnte und sich als Posamentenmacher seinen nicht gerade üppigen Lebensunterhalt verdiente, kümmerte sich nicht um Herkunft und Wandlung des kerzenbestückten Drehturms, vor dem man stundenlang sitzen und die immerfort umlaufende Weihnachtsgeschichte sehen und sich in sie hineinträumen konnte. Freilich, zum stundenlangen Davorsitzen ist der Hermann nie gekommen. Am Posamentierstuhl saß er. Aber zur Weihnachtszeit stand unweit davon seine Pyramide, und zum Ab-und-zu-Hinüberschauen zu ihr und Sich-dran-Freuen reichte es schon.

Meier-Hermann hatte die Pyramide selbst angefertigt. Kaum, daß er verheiratet war, hatte er damit angefangen. Wann immer er eine freie Stunde hatte, hat er gesägt, gebastelt, geleimt und gemalt, erst das Pyramidengestell, dann die Flügel, zuletzt die Figuren. Die haben die meiste Arbeit gemacht. Schnitz nur einer so heilige, großartige Leute wie Maria und Joseph und gar das Kindlein in der Krippe, Ochs und Esel drumher, die Hirten und Schafe, die nach dem Stall unterwegs sind, die Weisen aus dem Morgenland mit ihren vollbepackten Kamelen! Meisterstücke waren weder die hölzernen Gestalten noch die Pyramide selbst. Posamentierer war der Hermann, kein Holzbildhauer! Doch sah am Ende alles recht ordentlich aus. Weil man die Liebe mit zu sehen meinte, wenn man vor Hermanns Pyramide stand. Altmodisch! würden die Leute heute sagen. Es wird noch die

Rede davon sein. Zu Hermann hat es keiner gesagt. Nicht einmal gedacht haben wird es einer, der seine Pyramide sah. Zu seiner Frau, der Elisabeth, sagte der Meier-Hermann: „Für unsern Jungen soll sie sein ... Wenn wir einmal einen haben." Da schoß der Frau die Röte ins Gesicht. Weil sie sich freute und weil es mit dem Jungen, wie es aussah, noch lange nicht soweit war. Es war jahrelang noch nicht soweit damit. Die Pyramide war fertig, stand, wie gesagt, alle Weihnachten bei Hermanns Posamentierstuhl in der großen Wohnstube, aber es war kein Junge da, der davor gestanden und sie bewundert und sich daran gefreut hätte. Daß er sie für den Jungen gebaut hatte, sagte Hermann keinmal wieder. Er wollte Elisabeth nicht wehe tun. Sie aber spürte, daß er litt. Um so glücklicher, unbeschreiblich glücklich, war sie, als sie ihm an einem Abend im Frühjahr, als sie nebeneinander in ihren Betten lagen, ins Ohr flüstern konnte: „Wir werden ... ein Kind haben!"

Es ging Meier-Hermann wie ein Schock durch das Herz, erschrocken, überrascht und froh zugleich richtete er sich auf und fragte: „Wirklich? Wird es wirklich so sein?"

Sie nickte, lachte ihn an und sagte: „Ob's freilich ein Junge werden wird ..."

Es war einer. Aber er kam unter einem großen Unglück zur Welt. In der Adventszeit war es. Frau Elisabeth ließ ihr Leben dabei. War das eine Traurigkeit! Zu *der* Weihnacht stand keine Pyramide neben Hermanns Posamentierstuhl. Elisabeths jüngere Schwester Margarete, noch unverheiratet, kam ins Haus und übernahm in wie selbstverständlicher, rührender Fürsorge die Betreuung des Kindes – Hermann, wie der Vater, hieß der Junge – und des Schwagers.

Als Klein-Hermann ein Jahr alt war und die Wunden, die der Tod seiner Mutter in des Vaters Herz geschlagen, einigermaßen vernarbt waren, stellte der Vater die Pyramide wieder auf. Staunend stand der Kleine davor, konnte sich nicht satt sehen an der Lichterpracht und dem vor seinen Augen sich drehenden Schauspiel.

„Sie gehört dir! Ich habe sie für dich gebaut!" sagte Meier-Hermann zu seinem Jungen. Der verstand noch nicht, was das zu bedeuten hatte. Erst beim nächsten und mehr noch beim übernächsten Weihnachten fing er an, es zu begreifen. Wunderte sich freilich, daß der Vater ihn nicht mit der Pyramide spielen ließ, die doch ihm gehörte, wie der Vater gesagt hatte.

Wie über eine Kostbarkeit hielt der Vater die Hände darüber. Eine Kostbarkeit war sie wohl auch. Schon der Umstände wegen, unter denen sie zustande gekommen war.

Klein-Hermann war zehn und dann elf Jahre alt und durfte nun, wenn Weihnachten kam, selbst mit Hand anlegen beim Aufstellen der Pyramide. Er verstand jetzt, daß man fürsorglich mit ihr umgehen mußte, sollte sie sich drehen und eine Freude sein für die, die sie sich drehen sahen. Zwölf Jahre war Hermann junior alt, da entschloß sich der Vater, die Schwägerin zu heiraten. Sie hatte im stillen wohl lange schon damit gerechnet. Die „Mutter" war sie für den Jungen sowieso von Anfang an gewesen. Es war gut so, daß der Vater das tat. Im Sommer darauf starb er.

Nach wie vor vergingen die Jahre, eins nach dem andern. Meier-Hermann der Jüngere brachte eine Frau ins Haus und war eines Tages selbst glücklicher Vater eines Jungen. Als Weihnachten kam, baute Hermann wie alle Jahre die Pyramide auf. Nun der Junge da war, wagte seine Frau zu sagen, was sie bislang nur bei sich gedacht hatte: was das solle? „Sie ist nicht mehr die neueste."

„Ich werde sie anstreichen!" erwiderte Hermann. „Frische Farbe muß drauf!"

„Das meine ich gar nicht. Es wird nicht viel ändern daran. Das *Ganze* ist es ... So was stellt man heutzutage nicht mehr auf. Wo's doch weit schönere zu kaufen gibt!" Da war es heraus.

„Sag so was nicht wieder!" entgegnete er, enttäuscht und verärgert; es war der erste Ärger, den sie in ihrer noch jungen Ehe miteinander hatten. „Sie ist von meinem Vater", fügte er hinzu. Sie wußte es. „Er hat sie für mich gebaut. Und so wird sie wohl auch für *unseren* Jungen gut genug sein." Dabei blieb es, und die Frau redete ihm in dieser Sache nicht mehr drein, auch an den späteren Weihnachten nicht, obwohl sie anders drüber dachte als er.

Als der Junge verständig genug war, erzählte ihm der Vater alles, was zu der Pyramide zu sagen war. Und siehe, auch der Junge fand Gefallen, mehr noch, als er schon hatte, an dem Stück und seiner Geschichte, an dem Großvater, den er nie kennengelernt und der sich so viel Mühe gemacht hatte mit dieser Schnitz- und Bastelarbeit, und sah die Liebe, die aus dem klobigen Bau und seinen plumpen Figuren sprachen. „Mir gefällt die Pyramide!" sagte er bei wieder einem Weihnachtsfest zu seinen Eltern und sah dabei vor allem die Mutter an. „Und die Weihnachtsgeschichte darauf! Als wenn man dabei wäre, wie sie passiert ist. Die Leute dort haben bestimmt auch nicht ausgesehen wie ihr und ich." Was er nicht sagt! dachte die Mutter. So hatte sie darüber wahrhaftig noch keinmal nachgedacht. „Und wenn *ich* einmal einen Jungen habe", sagte er noch – zwischenhinein den Vater fragend: „Sie gehört mir doch, die Pyramide?", worauf der ihm lächelnd zunickte –, „dann wird sie zu Weihnachten auch für ihn aufgestellt!" Da lachten sie alle. Auch die Großmutter, die mit in der Stube saß und die Pyramidengeschichte am allerbesten kannte.

So kam es, daß sich in einem Haus in jenem kleinen Städtchen alle Jahre eine wahrhaft altmodische Weihnachtspyramide im Lichterglanz drehte. Aber was heißt und ist dabei schon „altmodisch"? Kann es die Liebe, die so etwas geschaffen, je sein? Kann es jene andre Liebe sein, die in den Stockwerken der Pyramide, in Figurengestalt kreisend, sich bewegt? Spricht sie nicht zu dem Beschauer: Siehe, ich werde nicht müde, dir immer und immer und immer wieder, so oft ich vor deinem Auge erscheine, zu sagen: Ich bin da, bin noch immer da, bin auch für dich da!?

Wenn sich meine Pyramide
sacht und still im Kreise dreht,
sitz' und sinn' ich, träum' – und merk' nicht,
wie die Zeit vergeht.

Und im Sinnen drehn die Jahre
meines Lebens sich zurück
in der Kindheit ferne Tage,
in entschwundnes Glück.

Und doch ist's, daß die Figuren
wandern einem Ziele zu,
einem nie geschauten andern,
einem ew'ger Ruh.

Suchend und doch schon gefunden
in der Pyramide Spiel:
in dem Kind im Stalle. – Bring auch
mich, Kind, an dies Ziel!

Fraat eich fei!

Wie dos glitzert, wie dos flimmert!
Wie dos of de Stroß naus schimmert!
Wie dos singt un wie dos lacht!
Wos für Lust un wos für Pracht!

Bargmah, Engel, Weihnachtskerzen,
Schwibbugn, Barg un Peremett,
alle lechten's mitenanner
in de Nacht naus üm de Wett':

Leit, der Heiland, dar is komme!
Sünd' un Tud sei waggenomme!
Gottes Kinner dürft ihr sei!
Fraat eich, macht un fraat eich fei!

Der Nebel war schuld
Eine Weihnachtsgeschichte aus den 20er Jahren

Sie ist vor vielen Jahren passiert. Aber der alte Ludwig hat sie sein Leben lang nicht vergessen und mehr als einmal seinen Kindern und Enkeln erzählt.

Noch ein junger Mann war er damals. Der Fabrikbesitzer Schröder im Oberdorf, in dessen kleinem Strumpfbetrieb sein Vater arbeitete, hatte Ludwig gebeten, für seinen Jungen den Weihnachtsmann zu spielen. Er hatte dazu dem Vater ein Säckchen mitgegeben, in dem allerlei erquickliche Dinge lagen: Äpfel, Nüsse, ein paar Tafeln Schokolade, Spielsachen und anderes mehr. Das Wasser lief einem im Munde zusammen, wenn man es sah. Es war in den schweren Jahren nach dem ersten Weltkrieg, Arbeit und Geld waren bei vielen Leuten knapp, Weihnachten war gar nicht überall eine „fröhliche, selige Weihnachtszeit".

Am Heiligen Abend, als es schon dunkel war, machte sich Ludwig, als Knecht Ruprecht verkleidet, auf den Weg zu dem Haus, in dem die Schröders wohnten, die Fabrik stand ein Stück abseits davon. Es war ein Haus neben vielen längs der langen Dorfstraße. In den Tagen zuvor hatte es geschneit, der Winter hatte eine Weihnachtslandschaft hingezaubert, wie sie im Buche steht. Doch kam am Heiligen Abend um den Nachmittag plötzlich ein Nebel auf, der das winterliche Bild im Nu zunichte machte. Er wurde dichter und dichter, so daß Ludwig, als er zu seinem Bescherungsgang aus dem Hause trat, kaum, wie man zu sagen pflegt, die Hand vor den Augen sah. Langsam trabte er auf dem Fußsteig neben den Häusern das Dorf hinauf. Immer wieder einmal wuchs eine Gestalt vor ihm aus dem Nebel heraus, sie erschraken über ihn, er über sie. Doch dann war gleich auch fröhliches Lachen da. Es war Weihnachtsabend, da mußte man wohl damit rechnen, daß man dem Weihnachtsmann in die Hände lief.

Endlich war Ludwig am Ziel seines Weges, betrat mit Kettengerassel und Füßeaufstampfen, wie ein Ruprecht das zu machen pflegte, das Haus. Da hörte er auch schon aus einer der Stuben lautes Kinderweinen. Wie es sein muß, dachte er, wenn so einer kommt wie ich! Und er schmunzelte in seinen dicken Ruprechtbart hinein. Dann klopfte er an die Tür, aus der das Weinen kam, wartete nicht auf das „Herein!", sondern öffnete sie sogleich. Auch das, wie es sich für einen wie ihn gehörte. Doch staunte er nicht wenig, als er drinnen ein Bild vor sich sah, das er nicht erwartet hatte: kein Christbaum, überhaupt nichts Weihnachtliches in der Stube, in einer Lampe ein spärliches Licht, seitlich nahe dem Ofen ein Bett, aus dem ihn ein Frauengesicht anstarrte, daneben auf einem Hocker ein Kind, ein Mädchen von fünf, sechs Jahren, das laut vor sich hin schluchzte.

Er wußte nicht, was er tun, was er sagen sollte. Wohin nur war er geraten?! Das konnte doch nicht bei den Schröders sein! Doch da hörte er das Kind sagen, halb weinend, halb lachend: „Der Weihnachtsmann! Mami, der Weihnachtsmann! Und du hast gesagt: Zu uns kommt er nicht!"

Die Mutter langte aus dem Bett nach des Mädchens Hand. Es war, als wenn ein Schimmer von Freude über ihr Gesicht glitt. „Ja, der Weihnachtsmann!" sagte sie. „Ich weiß auch nicht . . ." Woher er kommt, wollte sie wohl sagen.

Da fragte das Kind: „Hast du mir was mitgebracht? Ich bin immer brav gewesen! Immer! Stimmt's Mami? Mami ist krank, weißt du. Und sie hat gesagt: Weil sie krank ist, kommt heuer kein Weihnachtsmann zu uns. Aber", zur Mutter gewandt, „jetzt ist er doch gekommen!"

Ludwig hatte noch immer die Sprache nicht wiedergefunden. Wohl begriff er, daß er sich verlaufen, im Haus geirrt hatte, der Nebel war schuld, aber er wußte nicht, was er tun sollte. Da war eine kranke Frau, die ihn erst erschrocken angeblickt hatte, jetzt aber beglückt zu ihm aufschaute. Da war das Kind, immer noch Tränen im Gesicht, aber sichtlich mehr der Freude als des Kummers. Was bloß sollte er tun? Er konnte doch nicht sagen: „Seid mir nicht böse, ich hab' mich verlaufen! Ihr seid gar nicht die, zu denen ich wollte! Zu den Schröders will ich. Ich muß mich in der Haustür versehen haben!" Es war unmöglich, solch eine Rede zu halten, und zweimal unmöglich, sich danach stillschweigend zurückzuziehen und die beiden – das Kind, vor allem das Kind – zurückzulassen, als sei er nie dagewesen!

Dann tat er aber doch etwas. Tat es wie unter einem Zwang. Es gab nichts andres als das. Abscheulich wäre er sich vorgekommen, wenn er es nicht getan hätte. Er hockte den Sack ab, den er auf den Schultern trug, und öffnete ihn. Die Hände schienen ihm zu zittern, als er hineingriff. In fremdes Eigentum. In Schätze, die ihm nicht gehörten, die ihm nur anvertraut waren, die er wo ganz anders verteilen sollte. Dennoch nahm er eins nach dem andern heraus, Stück um Stück, legte es auf den Tisch und sah dabei immer wieder die beiden erstaunten und selig lächelnden Gesichter an, vor denen er seine Gaben ausbreitete. Wie ein Wunder erschien der Frau und dem Kind, was vor ihren Augen geschah. Zuletzt strich Ludwig dem Kind übers Haar, gab der Frau die Hand. Worte fand er nicht. Er tat alles wie im Traum. Er hörte die Frau sagen: „Wer du auch bist, Weihnachtsmann, ich kenne dich nicht ... Aber dich hat der Himmel geschickt! Daß es so etwas gibt ..." Da sah Ludwig, daß der Frau die Tränen in den Augen standen. Das Mädchen kam zu ihm hingesprungen: „Ich danke dir, Weihnachtsmann! Du bist ein guter Weihnachtsmann! Siehst du, Mami, er ist doch gekommen!" Dann ist er gegangen.

Aber nun der Schröder! Gute Zeit, was sag' ich jetzt dem Schröder?! Ludwig hatte sich im Nebel tatsächlich um ein paar Häuser geirrt. Als er das Schrödersche gefunden, bat er durch das Hausmädchen, das ihm öffnete, den Chef heraus und erzählte ihm alles, was geschehen war. „Ich kann nichts dafür, Herr Schröder", sagte er. „Ich weiß, ich weiß ... Ihre Sachen, ich habe sie eigenmächtig einem fremden Kind geschenkt ..."

Der Schröder hörte Ludwig erst schweigend an. Doch dann sagte er:

„Ist schon gut, Junge. Hast du schon richtig gemacht. Das warst nicht *du*, der's gemacht hat. Das war ein anderer. Der hat dich dorthin geführt. So kann's zugehen zu Weihnachten! Und das Säckchen ... Das werden wir gleich wieder haben." Er rief das Hausmädchen herbei und bat es, das leere Säckchen neu zu füllen. Und damit ging Ludwig dann zu der Kinderbescherung, zu der er eigentlich unterwegs gewesen.

Wenn er sich später auf das alles besann und die Geschichte erzählte, pflegte er hinzuzufügen: „Aber die eigentliche Bescherung war doch die erste, die bei der kranken Frau und dem Mädchen." Ludwig wußte später natürlich bald, wer die beiden gewesen waren. Aber die haben nie erfahren, von keinem, wer der Weihnachtsmann gewesen ist, den ihnen, wie die Frau gesagt hatte, „der Himmel geschickt hat".

Loßt uns abaten!

Dan Kind, dos in der Krippe liegt,
gehärt de ganze Walt.
Drüm baten's nu de Hirten a,
de Hirten ofn Fald.

De Weisen bränge, wos se hobn,
un kniee vür ne hie.
De Engel singe für dos Kind
de schönnste Melodie.

Dan Kind, dos in der Krippe liegt,
dan will aah ich gehärn
un will's mit Lieb un Lust un Trei
mei Labtog lang verehrn.

Aus der Geschichte des Weihnachtsbaumes
Wie er ins Erzgebirge kam

Die ersten Weihnachtsbäume gehen vielleicht schon auf den heidnischen Baumkult bei den Germanen zurück. Das Christentum übernahm ihn und wandelte ihn um: Bäume als Erinnerung an den Lebensbaum im Paradies. Zuerst am Oberrhein, dann in Straßburg stellte man zur Wintersonnenwende ein Bäumchen ins Zimmer und behängte es mit Äpfeln, Oblaten, Zuckerzeug und Flittergold. Dieser Brauch scheint sich nur langsam ausgebreitet zu haben. In Sachsen wird erst 1737 in Zittau ein Weihnachtsbaum bezeugt.

Mit der Zeit wurde der Weihnachtsbaum immer mehr zum Schmuckstück der Weihnachtsstube. Zu dem schon erwähnten Behang kamen die sogenannten Pfennigstücke: kleine gebackene Ringe, Sterne, Vögel. Sie wurden später von Glasfiguren verdrängt, wie Kugeln, Ketten, Eiszapfen und anderem mehr. Gläserne Spitzen oder Sterne krönten den Baum. Wachsengel schwebten in der Höhe. Um 1900 wandelte sich der Geschmack erneut. Der „weiße Baum", von oben bis unten gleichmäßig mit Silberfäden und Lametta behängt, wurde beliebt. Er ahmte das Winterweiß der Weihnachtszeit nach. Neben Papierrosen, Sternen und Ketten kam der hölzerne Baumschmuck auf.

Uralter Kultbrauch war das Anzünden des Heilig-Abend-Lichtes. Der Hausvater selbst vollzog diese feierliche Handlung am Weihnachtsabend wie seine Vorväter, vielfach mit einem Holzspan, wenn die Glocken läuteten. Statt des einen Lichtes wurden dann später die Kerzen am Weihnachtsbaum entzündet: 12, auf sehr großen Bäumen 24 oder gar 36. Diese anzuzünden, besonders die hoch oben, genügte der Holzspan nicht mehr. Nüchterne Streichhölzer lösten ihn ab und schließlich, der Bequemlichkeit und wohl vor allem der Feuersicherheit zuliebe, traten an die Stelle der Wachskerzen die elektrischen Kerzen.

Im Erzgebirge ist der Weihnachtsbaum erst in den letzten hundert Jahren im weitesten Sinne populär geworden. Anfangs waren es nur die sogenannten feinen Leute, die „etwas Besonderes", „etwas Besseres" als andere sein wollten, und Eingewanderte, die damit großstädtisches Gehabe nachahmten. Der Erzgebirgler zog im allgemeinen dem Baum anderen Festschmuck vor, wie den Weihnachtsberg, die Pyramide, Engel und Bergmann, den Schwibbogen. Um 1885 war der Weihnachtsbaum z. B. in Aue und

Zschorlau noch wenig bekannt. Süßmilch-Hörnig berichtet in seinem 1889 im Annaberger Verlag Hermann Graser erschienenen Buch „Das Erzgebirge in Vorzeit, Vergangenheit und Gegenwart“: „Der Christbaum ist selten.“ In Schneeberg wollten die Bastler und Schnitzer vom Weihnachtsbaum nichts wissen. Auch die Lößnitzer bauten lieber ihre Berge, die Zwönitzer ihre Pyramiden auf. Aber seit etwa 1890 wurde der Lichterbaum in den Schulen gebräuchlich, wenn die Lehrer mit den Kindern ihre Weihnachtsfeiern veranstalteten. Vereine zogen nach und verwendeten gleichfalls für ihre Weihnachtsfeiern hohe Tannenbäume. Ihnen folgten die Gastwirte, die ihre Gaststuben und Säle mit Christbäumen traulicher und einladender machen wollten. Größere Geschäfte lockten die Käufer durch glitzernde Weihnachtsbäume herbei. Der Handel mit „bayrischen“ Tannen machte gute Geschäfte, während die heimischen Fichten auf den Christmärkten wenig Beachtung fanden. Nach dem ersten Weltkrieg kam der Brauch des „Christbaums für alle“ auf Marktplätzen oder vor den Rathäusern der Städte auf. Auch in vielen Dörfern erstrahlte in der Ortsmitte, elektrisch betrieben, das Licht der Bäume. Ein Brauch, der sich bis heute erhalten hat, und nicht nur im Erzgebirge. Auf diesem Weg zog nach und nach der Weihnachtsbaum auch in die Häuser ein.

Das Brauchtum, das sich um ihn rankt, begann damit, schon vor dem Fest heimlich im Wald das für die Stube passende Bäumchen auszusuchen. „Christbaammauser“ heißt eine reizende Geschichte von dem in Gelenau im Erzgebirge geborenen Vogtlanddichter Louis Riedel (1847–1919), und ein Vers von Max Wenzel (1879–1946) lautet: „Ne Christbaam kaaf ich billig ei, dan hul ich aus'n Wald. Ne Färschter wärd's doch egal sei, wenn epper aaner fahlt.“ Die sich so für „billiges Geld“, will heißen für gar keins, ihre Christbäume besorgten, dürften längst ausgestorben sein. Der Baum wird heute wohl fast immer auf dem Weihnachtsmarkt gekauft. Alter Brauch war es, die Kerzen, als es noch Wachskerzen waren, an Pyramide und Baum nur zu den „drei heiligen Abenden“, am 24. und 31. Dezember und am 5. Januar, anzuzünden. Es war nicht nur Brauchtum, sondern wohl auch eine Geldfrage. Eine Sitte jüngeren Datums ist die mancherorts gepflegte, früh verstorbenen Kindern kleine Christbäumchen aufs Grab zu stellen und an den „heiligen Abenden“ deren Kerzen über den schneebedeckten Gräbern leuchten zu lassen. Abgeleert wurde der Baum früher am Dreikönigstag. Manche behielten ihn auch, wenn er „kalt“ stand – in der „guten Stube“, dem nur zu Festzeiten benutzten Zimmer in der Wohnung –, bis Lichtmeß und zündeten dann zum letztenmal die Kerzen an. Sogar bis Fastnacht soll hier und da der Baum aufgehoben worden sein, was freilich wohl nur mit Tannen, nicht mit den schnell nadelnden Fichten möglich war.

Geschichte und Geschichten um den Weihnachtsbaum – er ist heute nicht wegzudenkender Bestandteil der Weihnacht: Künder des Lichtes, Zeichen der Hoffnung und des Friedens.

Die Weihnachtsgeschichte von der „Glatteis-Oma“

Peter und Gundula, Bruder und Schwester, dreizehn und zwölf Jahre alt, in einer großen Stadt zu Hause, haben einmal zu ihren beiden Omas eine dritte gehabt. Ja, so kann es zugehen. Und sie haben sie „die Glatteis-Oma“ genannt. Ein etwas seltsamer Name, aber er hatte seinen Grund und seine Geschichte.

Die beiden kamen eines Nachmittags von der Kirche nach Hause. Es war in der Vorweihnachtszeit. Man hatte das Krippenspiel geprobt, in dem Peter den Joseph und Gundula die Maria spielten. Es war naß und kalt geworden, halb Regen, halb Schnee, der Weg begann glatt und rutschig zu werden. Kein Problem für die Kinder. Um so mehr für die alte Dame, die vor ihnen herging und tatsächlich vor den Füßen der Kinder ausrutschte und hinfiel. Peter und Gundula halfen ihr sogleich wieder auf die Beine. Es war ihr, Gott sei Dank, nichts Ernstliches passiert. Nur hart aufgeschlagen war sie, das würde sie noch zu spüren bekommen, und der Schreck, der saß ihr natürlich in den Gliedern. Die Kinder nahmen sie unter die Arme, damit sie nicht noch einmal hinfiel, und brachten sie nach Hause. Das war nur ein paar Schritte von da, wo Peter und Gundula wohnten. Trotzdem kannten die Kinder die Frau nicht und die Frau die beiden Kinder nicht. Das ist manchmal so in einer großen Stadt. Die Frau war sehr froh, daß die Kinder ihr geholfen hatten, und sagte es ihnen auch. „War doch selbstverständlich!“ sagte Peter. Er hatte schon recht damit. Obwohl durchaus nicht jeder zu wissen scheint, daß man helfen sollte, wo Hilfe gebraucht wird und man helfen kann. „Selbstverständlich“ hatte bei Peter und Gundula noch einen anderen Grund. Davon nachher.

Zu Hause erzählten die beiden, was geschehen war, und dabei kam Gundula ein Gedanke: „Wenn die Frau nun, wenn sie wieder draußen umherläuft, wieder hinfällt? Vielleicht hat sie niemand, der für sie einkaufen geht." Daran hatte auch Peter schon gedacht, und so gingen sie kurz entschlossen noch einmal zu dem Haus, in das sie die Frau geleitet hatten. Sie sahen sie hinter einem der Fenster sitzen, winkten ihr zu und standen dann auch schon vor ihrer Wohnung. Drinnen erfuhren sie von der Frau, daß sie tatsächlich allein war und, was besorgt und herangeschafft werden mußte, allein erledigte. So boten ihr Peter und Gundula ihre Hilfe an. „Wenn Sie wieder mal was einzukaufen haben, ich mach' es für Sie!" sagte Gundula. „Oder Kohlen aus dem Keller zu holen", meinte Peter, „Sie brauchen es nur zu sagen!" Die Frau freute sich. „Wenigstens im Winter", sagte sie, „wenn es glatt draußen ist! Es wird sowieso der letzte hier sein." Erst dachten die Kinder, sie spräche vom Bald-Sterben, wie sie das schon manchmal von älteren Leuten gehört hatten. Aber die Frau meinte das Feierabendheim, für das sie sich angemeldet hatte.

So walteten Peter und Gundula ab und zu des kleinen Amtes, das sie sich auferlegt hatten. Und taten es gern. Und, wie gesagt, die Frau freute sich. Eines Tages fragte sie nun aber doch: „Warum macht ihr das eigentlich?" Vielleicht dachte sie, die Kinder würden sagen: „Um 'was zu verdienen!" Weil sie ihnen immer ein kleines Taschengeld für ihre Dienste gab. Aber so war es gar nicht. Peter war es, der ihr antwortete, gleich für seine Schwester mit: „Wir gehen jeden Sonntag in den Kindergottesdienst. Und zu Weihnachten haben wir die Weihnachtsgeschichte gespielt. Und der Pfarrer hat uns ganz genau erklärt, was das alles bedeutet und auf sich hat, Weihnachten ... und wenn man das spielt, wie wir beide ..."

Die Frau machte ganz schön große Augen, als sie das hörte. Und gewundert hat sie sich auch und drüber nachgedacht. Und drüber gefreut, auch darüber, sowieso. Das vor allem. Aber da waren Peter und Gundula schon wieder zur Tür hinaus.

Später ist die Frau ins Feierabendheim gezogen, und Peter und Gundula haben nichts mehr von ihr gehört. „Die Glatteis-Oma" nennen sie sie, wenn sie von ihr sprechen. Richtig froh, daß es sie gegeben hat. Vor allem zu Weihnachten denken sie mehr als sonst an sie, und weil sie ja nun keine kleinen Kinder mehr, sondern schon recht verständig sind, meinen sie, daß das völlig in Ordnung war, daß die Frau ausgerechnet *vor ihnen* ausgerutscht und daß das ausgerechnet zu Weihnachten passiert ist, als sie das Krippenspiel spielten und der Pfarrer ihnen erklärt hatte, was das bedeutet, so eine „Liebesgeschichte“ zu spielen, die von Gottes wunderbarer Liebe handelt, daß er der Welt seinen Sohn gab.

Lichterglanz und süßer Duft
Im Spielzeugort Seiffen

Schon hatte die Herbstnacht ihre dunklen Schwingen über die Landschaft ausgebreitet, als wir, aus der Tiefe des Flöhatals emporwandernd, endlich Seiffen erreichten. Seiffen ist ein freundlicher Ort, heiter und offen hineingestreut in das ziemlich enge Tal eines Baches. Wie die Herde um den Hirten, so scharen sich die Seiffener Häuschen um die stattliche Kirche. Die Seiffener Tier- und Menschenbildnerei ist die einzige in der ganzen Welt, die auf dem Spaltreifen beruht. Sie unterscheidet sich dadurch ebensosehr von der Handschnitzerei der Alpenländer wie von der Sonneberger Technik, die die Gestalten aus Papiermasse formt. Das Seiffener Spielzeug entsteht aus der Verbindung der Kunst des Drechslers mit der des Bildschnitzers.

Das älteste Stück des Seiffener Spielzeugs ist wohl die kleine „Reitschule“. Drei bunte Holzreiter sind auf einer kreisrunden Holzplatte zwischen zwei Holzsäulen aufgeleimt. Man dreht die Scheibe mittels einer am tragenden Kästchen angebrachten Holzkurbel, dabei ertönt durch einen von der Kurbel gestreiften Federkiel aus dem Innern des Kästchens ein helles Geklimper. Dieses Spielzeug verrät deutlich seinen bergmännischen Ursprung. Denn es beruht auf der Idee der bergmännischen Haspel oder des Göpels. Bergmännisch ist endlich der Drang zum Lichte. Deshalb ist der Leuchter ein Lieblingsgegenstand der Seiffener Gestaltung: als Bergmann in allen Größen mit einem oder zwei Lichtern, als Weihnachtsengel, als buntbemalter Standleuchter, als Hängeleuchter, besonders in der Form der kunstvoll ausgebildeten Spinne.

Diese Leuchter sind keineswegs für den täglichen Gebrauch bestimmt. Eine solche Lichterfülle leistet sich der sparsame Erzgebirgler nur einmal im Jahr. Wenn sich draußen die Schneemauern türmen, die Eisblumen den

Blick durchs Fenster hemmen und die längsten Nächte auf der kalten Erde lasten, dann baut sich der Gebirgler drinnen in der Stube das warme Reich seines Gemüts auf, dem das Weihnachtsfest auch in der ärmlichsten Hütte einen goldigen Schein verleiht. Er entschleiert alle die Herrlichkeiten, die sonst in den Kisten und Kästen der Bodenkammer schlummern. So ist außer dem Bergmannsleben das Weihnachtsfest der wichtigste Nährboden der Seiffener Volkskunst. Die alten, ganz primitiven Darstellungen von Adam und Eva unter dem Apfelbaum, aus dem die Schlange hervorzüngelt, gehören zur Ausstattung der Paradiesgärten, die beim Weihnachtsfest aufgestellt werden; denn wie das erzgebirgische Christspiel vom Sündenfall ausgeht, so beginnt auch die figürliche Darstellung des Heilswerks mit Adam und Eva. Über dem Paradiesgarten aber erhebt sich die Pyramide, auf deren Rundscheiben sich eine Geburt Christi, außerdem aber auch der ganze Mikrokosmos in Form von Jagd, marschierenden Soldaten, weidenden Herden, Bergwerksgruppen im Lichterglanz dreht. Aber zur Weihnachtsstimmung gehört nicht nur Lichterglanz, sondern auch süßer Duft. An Stelle von Weihrauch und Myrrhen ist für den Erzgebirgler das bescheidene Räucherkerzchen getreten. Deshalb gehören zu den volkstümlichen Gestalten des Weihnachtstisches auch die des Försters, des Bauern, des Mäusefallenhändlers, die aus ihrer Tabakspfeife den Rauch des im Innern glimmenden Räucherkerzchens in die Christfreude hineinblasen.

Otto Eduard Schmidt

Seiffen im Kreis Marienberg, rund 4000 Einwohner zählend und 8000 Feriengäste jährlich, inmitten von Bergen gelegen, die Höhen zwischen 730 und 830 Metern erreichen, ist der weit bekannte Spielzeugort des Erzgebirges. Sein „Gesicht" hat sich gegenüber dem von O. E. Schmidt geschilderten vor mehr als einem halben Jahrhundert – wie das aller unserer Städte und Dörfer – wesentlich gewandelt. Erstmals urkundlich 1324 erwähnt, war Seiffen ursprünglich Bergbauort. Der zurückgehende Bergbau ließ nach neuen Arbeits- und Erwerbsmöglichkeiten suchen. Es kam zur Herstellung von Spielzeug und Festschmuck, sonderlich für Weihnachten. „Seiffener Ware" hießen im 18./19. Jahrhundert diese Erzeugnisse. 1699 brachte sie Johann Friedrich Hiemann mit dem Schiebbock zur Leipziger Messe. 1644 wird erstmals ein Drechsler im Seiffener Kirchenbuch erwähnt.

Nach 1945 wurden mehrere größere Betriebe zum VEB Seiffener Spielwaren zusammengelegt, jetzt Produktionsbereich des VEB Vero Olbernhau. Einer der Hauptanziehungspunkte des Ortes, der seit 1957 Kurort ist, ist das 1953 gegründete Erzgebirgische Spielzeugmuseum.

Weniger bekannte Weihnachtsfiguren
Mothsgungel und Wattepuppe, Moosmann und Zuckermännel

Neben Bergmann und Engel, Nußknacker und Räuchermann, dem Schwibbogen, der Spinne (= ein hängender Leuchter), der Pyramide und dem Berg sind in einigen Orten auch noch andere Figuren Mitgestalter der erzgebirgischen Weihnacht. Ähnlich ist es in dem ans Erzgebirge angrenzenden und ihm in vielem wesensverwandten Vogtland.

In Scheibenberg beheimatet ist das Mothsgungel. Es ist nach seinem Schöpfer benannt: Friedrich Gottlieb Mothes. Er arbeitete in der 1814 in Scheibenberg eingerichteten Tonofen- und Tongefäßfabrik, die 1818 in eine Papiermachéfabrik umgewandelt wurde, welche Tier- und andere Figuren, wie Rehe, Hirsche, Schafe und Hirten für die Weihnachtsberge und Pyramiden, herstellte und die im Januar 1838 niederbrannte. Mothes stellte daraufhin in seinem Haus, dem ehemaligen Zechenhaus „Unserer Lieben Frauen Empfängnis", die Figuren für den Eigenvertrieb her. Jedes Jahr fuhr er mit dem Schiebbock zum Weihnachtsmarkt nach dem damaligen Chemnitz. Auch in der ehemaligen „Betstube" des Zechenhauses bot er seine Figuren zum Kauf an. Besonders die lichtertragenden Knabengestalten – etwa 30 Zentimeter groß, zwei Kerzen in den Händen, mit einer goldenen Lendenschärpe bekleidet, kohlrabenschwarz das Haar – wurden als das Scheibenberger „Mothsgungel" bekannt und beliebt.

Die Anschaffung war, da zur Herstellung das billige Papiermaché verwendet wurde, nicht geldaufwendig und für jedermann erschwinglich. Nach dem Tode des Vaters 1885 übernahm sein Sohn und später ein Enkel das Geschäft. Die Rezeptur wurde als „Betriebsgeheimnis" gehütet. Der letzte dieses Familienbetriebes hat sie mit ins Grab genommen. Von den einst vielen „Mothsgungeln" sind heute nur noch wenige vorhanden.

Eine beliebte Weihnachtsfigur rund um Schneeberg ist die Lichter- oder Wattepuppe. Sie ist eine puppenähnliche Nachbildung des Christkindes mit Glitzerwatte und Goldsternchen. Im vorigen Jahrhundert gab es in Schneeberg drei Puppenfabriken. Sie stellten Kinderspielzeug aller Art her, das in alle Welt exportiert wurde. Ein großer Teil der Produktion wurde von Frauen und Mädchen in Heimarbeit angefertigt. Unbekannt gebliebene Heimarbeiterinnen bastelten für den eigenen Hausgebrauch die Wattepuppe zurecht: ein Holzgestell, umkleidet mit Zierwatte, mit Kleid, Umhang und Kapuze beklebt, alles mit kleinen Goldsternchen versehen, in der einen Hand einen Reisigzweig und einen Stern, in der andern eine Kerze. So war eine billige und rasch sich großer Beliebtheit erfreuende Weihnachtsgestalt entstanden, überdies nicht nur in Schneeberg, sondern auch in Neudorf und Crottendorf heimisch.

Heimat des Moosmannes und des Zuckermännels ist das dem Erzgebirge benachbarte Vogtland. Der lichtertragende Moosmann erinnert an das im Winter unter warmen Moosen ruhende Leben und weckt in den Menschen die Freude auf die wiedererwachende Natur und den nahenden Frühling. Auch verkörpert der Moosmann den schlichten vogtländischen Menschen selbst, den fleißigen, in früherer Zeit armen Waldarbeiter, der sich nach einem besseren und glücklicheren Dasein sehnte – eine Hoffnung, der das Licht symbolischen Ausdruck verlieh. Heute steht der lichtertragende Moosmann vornehmlich auf den vogtländischen „Drehtürmen".

Die Zuckermännle kommen aus dem bei Falkenstein im Vogtland gelegenen Werda. Früher wurden sie auch in Gunzen bei Markneukirchen gebacken. In über hundert Jahre alten Formen werden u. a. Sterne, Vögel, Mann und Frau, Blumen, Herzen, Hunde, Pferde, Weintrauben und Hühner, also Gegenstände und Figuren unterschiedlichster Art, hergestellt, die alle ihre besondere Bedeutung haben; das Menschenpaar und der Baum z. B. verkörpern das Leben. Die in der Backröhre gebackenen Zuckermännle werden zumeist in den Farben Rot und Grün angemalt. Sie dienen als Baumschmuck. Waren es vor Jahrzehnten in Werda etwa zehn Familien, die Zuckermännle anfertigten, so ist es in jüngster Zeit nur noch eine, die sich dieser weihnachtlichen Volkskunst annimmt.

Weihnachtliche Verse aus früherer Zeit

Die erzgebirgische Mundartdichtung hat noch keine allzu lange Geschichte. Zu ihren Mitbegründern zählen Carl Friedrich Döhnel (1772–1853) und Christian Gottlob Wild (1785–1839), so daß uns Mundartverse etwa vom Beginn des 19. Jahrhunderts an vorliegen. In den Jahren darauf hat das Schreiben in Mundart immer größeren Umfang angenommen. Geschichten und Verse wie auch Theaterstücke in der Sprache der Heimat entstanden, derb-drastische und besinnliche, bis hin zu fein empfundener Lyrik. Namen wie Hans Soph, Anton Günther, Max Wenzel, Gottfried Lattermann, um nur einige zu nennen, wurden zu einem festen Begriff. Viele der von den Mundartdichtern geschaffenen Verse wurden zu Liedern, noch heute gesungen. Auch Weihnachten fand seinen literarischen Niederschlag. Die in der Gegenwart zahlreichen Singgruppen und Spielscharen pflegen ebenso das Hergebrachte, wie sie ständig nach neuen Stoffen, Texten und Melodien suchen.

Ein paar mundartliche Verse aus alten Mundartbüchern, heute so gut wie vergessen, zeigen, wie schon in der Vergangenheit das Weihnachtsfest gemütvoll und innig und zugleich fröhlich und heiter gefeiert wurde.

Um 1815 schrieb der schon erwähnte Christian Gottlob Wild, geboren in Johanngeorgenstadt, Pfarrer in Carlsfeld und zuletzt, von 1824 bis zu seinem Tode am 24. März 1839, in Breitenbrunn, sein Weihnachts-„Wiegnliedel“:

Poheia! Mei Maadele, schlof bal ei!
Sist ruf ich geleich ne Hans Rupperich rei!
Dar fackelt fei net, dar nimmt dich miet,
noochert wärscht de dich wunnern, wie dir'sch gieht!

Poheia! Mei Maadele, schlof ja ei!
Do ruf ich morgn aah es Bornkinnel rei.
Dos brängt dir Rosining un Äppeln un Nüß,
do wärscht de mol schmatzen, die schmecken fei süß!

Poheia! Mei Maadele schlöft nu ei!
Se söll aah e Maadel von Zucker sei. –
Nu schlöft se! O schlof nu in Gottes Arm!
Ich setz dir derweil de Millich warm!

„Vür Weihnachten" ist ein um 1902 entstandenes Gedicht von Heinrich Jacobi überschrieben, der unter dem Decknamen H. Montanus (= Bergmann) schrieb, 1845 in Schneeberg geboren wurde, in Leipzig Philologie studierte und mit einer Arbeit über Georg Agricola den Doktorgrad erwarb. Nach Jahren als Lehrer war er zuletzt Realschuldirektor in Reichenbach im Vogtland. Er starb am 20. Mai 1916 in seiner Geburtsstadt.

Er erzählt von der betriebsamen Geschäftigkeit in der Vorweihnachtszeit:

Ich waß net, wu der Kopp mir stieht,
ze basteln ho' ich viel ...
Der Garten do üms Bethlehem
is aah in Ordning net,
dar braucht fast gar en neie Zaam,
wenn ich när Spaaholz hätt ...

Vun Engeln sei de Dräht verbugn,
un Dilln faahln 're fei aah,
vun Flügeln is es Gold verflugn,
do muß ewos geschaah ...

Un wenn nu de liebn Feiertog
aah kumme su mit ra
un mer is fartig mit der Plog,
do denkt mer net meh dra.

De Kinner machen e Geschrei
un freie sich wie sehr.
Dos bissel Weihnachtsbastelei,
dos rachne mer net mehr.

Aus der Feder des Pfarrers Johannes Emanuel Schluttig (1877–1956; 1905–1911 Pfarrer in Jahnsbach, 1911–1955 in dem ihm benachbarten Städtchen Thum) stammen neben vielen anderen Versen auch diese aus einem Adventslied:

Nu kimmt de liebe Weihnachtszeit,
de schönnste, die mer kennt.
Un alt un gung, un gruß un klaa
sei fröhlich zen Advent.

Der Leimtopp wärd nu warm gestellt,
e Pfeifel eigestoppt,
un noochert wärd fest' repariert,
gebastelt un gekloppt.

Ben Engel war e Flügel wag,
ben Bargmah wackelt's Bah.
Der Schwodenzug, dar klappt net meh
ben Raacherkerzelmah.

Der Winkel braucht en neie Zaun,
der Joseph wärd lackiert.
Daß alles schie gelamprig gieht,
wärd's Uhrwark eigeschmiert.

Un wenn's nooch Stolln nu noochert riecht
un's Heilig-Obnd-Licht brennt,
dann, Christtog, komm', mir warten drauf
schu itze, zen Advent!

In den 20er Jahren hat der Zwickauer Hermann Lippold (1885–1932) – zum Teil im Selbstverlag – unter dem Titel „Gute Karner in hart'n Schol'n" eine Reihe von Heften mit Mundartgedichten „zum Vortragen bei Festlichkeiten" herausgegeben. Er hat darin auch das Gedicht eines unbekannten Verfassers aufgenommen, in dem es gar spaßig ums Bescheren geht. Es wird hier in der heute üblichen Schreibweise wiedergegeben:

Der Vater frogt sei Maxel
'mol aus racht kreiz un quar:
„Wos soll dir'sch Christkind bränge?
Willst du e Reiterpfar?"

Er hot do aah noch wetter
nooch seine Wünsch' geforscht.
Der Gung, dar sat: „Ich wünsch mir
När e racht gruße Wurscht!"

„Ne Wurscht när?" sat der Vater,
„dar Wunsch, dar is net gruß!"
Du därfst dir noch wos wünschen!
Nu, Gungel, wünsch mol lus!"

„Do wünsch ich", sat der Klaane,
„abn *sechs* racht gruße Wärscht!"
Do sat der Vater: „Här' mol,
du klaane Wurzelbärscht,

su viel an Wärscht ze zwinge,
do mußt du grösser sei!
Sechs gruße Wärscht, die giehe
in de'n Mogn gar net nei!"

Doch's Maxel konnt sich halfen
un sat: „Do brängt mir nu
es Christkind abn en grußen,
noch 'n grußn Mogn derzu!"

Der wohl bekannteste erzgebirgische Mundartdichter und -sänger, Schöpfer vieler noch heute gern gesungener Lieder, dürfte Anton Günther sein, am 5. Juni 1876 in Gottesgab (dem heutigen Boži Dar in der ČSSR) geboren und am 29. April 1937 dort gestorben. Er hat über 100 Lieder und viele Gedichte wie auch einige Erzählungen geschrieben und seine Lieder meist selbst vorgetragen. Sein Leben endete tragisch: Er setzte ihm selbst ein Ende. Zu seinen weithin bekannt gewordenen Liedern gehört auch das „Ihr Leitle, freit eich alle". Der 1913 in Mittweida geborene Kirchenmusikdirektor und Kantor in Großenhain, Herbert Gadsch, hat es als Titellied für seine in Musik umgesetzte „biblische Weihnachtsgeschichte" (mit Text und Noten erschienen in der Evangelischen Verlagsanstalt Berlin) übernommen. Hier die Güntherschen Verse:

Ihr Leitle, freit eich alle,
guckt naus, wie's draußen Graipele schneit!
De Weihnachtszeit is komme,
vergaßt alln Zank un Streit!

O selige Zeit, o Weihnachtszeit!
Du brängst uns wieder Frieden,
machst unner Herz voll Lust un Freid.
O selige Weihnachtszeit!

Wie glänzen hall de Lichtle
verstuhln aus jeden Fansterle raus,
dä's zieht durch jedes Hüttel
's Bornkinnel ei un aus.

O selige Zeit . . .

Horch, wie de Glocken klinge
uns zu in stiller, heiliger Nacht,
un fromme Kinner singe:
Eich is heit Frieden gebracht!

O selige Zeit . . .

O komm, du heil'ger Frieden,
un klopp an jeden Fansterle a,
zieh ei in alle Herzen,
daß jeder singe ka:

O selige Zeit . . .

Aus alter Zeit stammen auch viele der „Rupprich"- und Neujahrs-Verse. Das Bescheren durch den Ruprecht war noch in unserem Jahrhundert weit verbreiteter Brauch. Meist waren es Familienangehörige, Bekannte, Freunde, Hausgenossen, die verkleidet und mit verstellter Stimme den Kindern nach dem Heilig-Abend-Essen die Geschenke brachten. Den Kleinsten, versteht sich, die sich noch nicht zusammenreimen konnten, wer sich hinter der gar nicht immer erquicklich wirkenden Gestalt verbarg. Die Kinder mußten, bevor der Ruprecht seinen Sack auspackte, einen „Rupprich"-Vers ansagen. Die Neujahrsverse dienten der Neujahrsgratulation der Kinder.

Rupprich, Rupprich, guter Gast,
wenn de 'wos im Sackel hast,
kimmst de rei un setzt dich nieder,
hast de nischt, do giehst de wieder!

Rupprich, Rupprich, guter Mah,
sah mich net su finster a.
Steck fei när dei Rut' do ei!
Ich will e gutes Gungel (bzw. Maadel) sei!

Rupprich, Rupprich, heil'ger Christ,
komm när net, wenn's finster is!
Lieber komm bei Mondenschei',
warf paar Nüss un Äppeln rei
un en Sack voll Mandelkern,
dä die aß ich gar ze gern!

Ich wünsch eich aah e neies Gahr,
es alte is vergange.
Daß's besser wärd wie's alte Gahr,
meh könnt'r net verlange!

Ich bie der klaane Dicke
un komm direkt aus Zwicke.
Tust de mir en Dreier gabn,
wünsch ich dir e langes Labn!

Ich aber, Herr, hoffe auf dich und spreche:
Du bist mein Gott!
Meine Zeit steht in deinen Händen.
Psalm 31, 15–16

Nu is der Heil'ge Obnd vürbei,
de Lichter löschen sachte aus.
Zen Fanster guckt de Christnacht rei,
un ruhig is' im ganzen Haus.

Mei klaaner Gung liegt drübn im Bett
un lacht im Schlofen vür sich hie.
Er kriegt morgn früh e Peremett,
wu Schof un Bargleit drinne stieh.

Emende traamt er schu dervu,
es ka bal gar net annersch sei.
Ach, is dos schie! Ich fra mich su –
zen Fanster guckt de Christnacht rei!

Weihnachten ist vorbei. Wieder aufgeräumt ist, was durch Wochen hindurch Auge und Herz erfreut hat. Ein neues Jahr hat angefangen, liegt vor uns wie ein verschlossenes Buch. Tag um Tag wird eine Seite nach der andern aufgeschlagen. Niemand weiß, was auf der nächsten steht, nicht einmal, wie der Tag endet, den wir begonnen haben und durchleben. Ungewißheit, die resignieren lassen könnte? Keineswegs. Im Glauben an den lebendigen Gott und nicht zuletzt von dem kaum erst erlebten Weihnachten her, wissen wir uns geborgen in Gottes Liebe, wissen wir unsere Zeit in seinen Händen. „Gottes Hände halten die weite Welt, Gottes Hände tragen das Sternenzelt. Gottes Hände führen das kleinste Kind, Gottes Hände über dem Schicksal sind.“ Inter- oder auch Innernächte heißen die Nächte zwischen Weihnachten und Epiphanias. Nach altem Volksaberglauben soll in den zwölf Monaten des neuen Jahres in Erfüllung gehen, was man in den genannten zwölf Nächten träumt. Armselig, wer darauf seine Hoffnung, seine Erwartung setzen wollte! Allein trostreich ist die dem Glauben geschenkte und eigene Gewißheit: „Ich bin geborgen, o seliger Stand, so heut' wie morgen in Gottes Hand.“ In solcher Zuversicht „erwarten wir getrost, was kommen mag. Gott ist mit uns am Abend und am Morgen, und ganz gewiß an jedem neuen Tag.“

Die Urgroßmutter

Ich habe sie noch gekannt. Sie war die Großmutter meines Vaters, eine Frau mit einem strengen Gesicht, dicht anliegendem Haar, aber einem gütigen Wesen. Wir wohnten damals in ihrem Haus, und ich, ein Junge von fünf, sechs Jahren, bekam sie oft zu sehen. Zweierlei ist mir vor allem an ihr in Erinnerung geblieben.

Die Urgroßmutter war eine fromme Frau. Es gab wohl kaum einen Sonntag, an dem sie nicht zur Kirche gegangen wäre. Meiner Eltern Gepflogenheit war das nicht. An den hohen Feiertagen schon, aber auch da nur abwechselnd, einmal der Vater, einmal die Mutter, selten nur wir alle gemeinsam. Ich selbst habe den Weg ins Gotteshaus erst später gefunden, und zwar durch Freunde, die mich mit in den Kindergottesdienst nahmen. Dennoch geht mir der treue Kirchgang meiner Urgroßmutter nicht aus dem Sinn. Gesehen habe ich es nicht, aber ich kann es glauben, daß sie auch in der Bibel gelesen und gebetet hat. Denn zur Treue in dem einen gehört auch die in dem andern. Ich bin noch eines gewiß. Es ist Vermutung, und doch eine, von der ich nicht loskomme: daß die Urgroßmutter auch für meine Eltern gebetet hat – und für mich. Ich habe nie etwas davon gehört, daß sie aufdringlich vom Glauben gesprochen oder gar Vorwürfe und Ermahnungen parat gehabt hätte für die, die nicht wie sie den regelmäßigen Kirchgang pflegten. Um so mehr ist ihr „Glaubensbild“ – ich kann es nicht anders nennen – in mir haftengeblieben. Noch etwas anderes freilich weit mehr.

Eines Tages ist die Urgroßmutter gestorben und wurde, wie es damals üblich war, vor ihrer Beerdigung im Hause aufgebahrt. Das konnte nicht im ersten Stock in ihrer Wohnung und auch nicht parterre, wo wir wohnten, im Hausflur vor unserer Stube geschehen, der Hausflur war viel zu klein dazu. Es gab nur das, daß ein Teil unserer großen Wohnstube geräumt und die Urgroßmutter dort aufgebahrt wurde. Schwarze Tücher trennten den Aufbahrungsraum von dem Stubenteil dahinter, durch den wir von unserer Küche her ins Schlafzimmer gelangten. Die Aufbahrung erfolgte am Tag vor der Beerdigung. Eine Nacht also würden wir, die noch Lebenden, gewissermaßen „Wand an Wand" mit ihr, der Toten, verbringen. Hinzu kam: Es war die Woche zwischen Silvester und Epiphanias, das damals noch offizieller Feiertag war. Eine unvergeßliche Nachweihnacht, wer wollte das nicht verstehn!

Ich kann es nicht leugnen, daß jene Nacht gar gruslig für mich war. Wie sehr, ist längst meinem Empfinden entschwunden. Aber ich besinne mich gut darauf, daß es so war. In meinem späteren Leben habe ich die damalige Aufbahrung der Urgroßmutter – es ist mein einziges Erlebnis dieser Art geblieben – in einem anderen Licht sehen gelernt: „daß nicht vergessen werde, was man so gern vergißt", in Stunden der Freude und Glückseligkeit mehr denn sonst – wir kamen, ich sagte es schon, von Weihnachten her –, „daß diese arme Erde nicht uns're Heimat ist". Die aufgebahrte Urgroßmutter, in meine Weihnachtsseligkeit hineingestellt, hat mir noch einmal, wie schon die lebende, eine Predigt gehalten. Später, weit später! Weil die Erinnerung an damals zeit meines Lebens mit mir gegangen ist. Wenn ich daran denke, spüre ich die Vergänglichkeit, der wir preisgegeben sind. Doch sie wird übertönt, überspült von der Seligkeit der Weihnacht, nicht deren irdischer und ebenso vergänglicher Pracht, sondern von ihrem „Jesus ist kommen, Grund ewiger Freude".

Die Urgroßmutter hat mich nur auf einem kurzen Stück meines Erdenweges begleitet. Weniges, belanglos Erscheinendes ist als Erinnerung an sie in mir haftengeblieben. Aber sind nicht zuweilen oder gar überhaupt die kleinen, die vielfach kaum ernst genommenen Dinge des Lebens die Mosaiksteine, aus denen sich der Bau unseres irdischen Hauses – unseres Denkens, unserer Empfindungen, unserer Erfahrungen – zusammensetzt? Und vielleicht gar nicht nur das Hier und Heute, sondern auch das Danach, das Ewige? „Und dann wird alles offenbar, was hier verhüllt und dunkel war!" Ich zweifle nicht daran. Mehr noch: Ich bin dessen gewiß, daß zu denen, denen ich „dann" Dank sagen werde, auch meine Urgroßmutter gehören wird.

Silvester

Wieder is e Gahr vürbei,
Silvester is nu do.
Mir reißen von' Kolannerblock
es letzte Blaatel ro,
hebn de Glöser, stußen a
un tu' uns grateliern:
Nu woll'n mir'sch mit ne *neie Gahr*
su gut, wie's gieht, probiern!

Noochert stieh' mir vür der Tür.
Der Himmel is glutrut.
Dos knallt un kracht un zischt. Dos maant:
Es neie Gahr wärd gut!
Wie's wärd wardn, war waß dos schu?!
Ob's Gahr nu „alt", ob's „nei",
mir wissen bluß, daß alle Gahr
in Gottes Hand mir sei.

Silvestergeschichten

In seinem 1922 erschienenen Buch „Kursächsische Streifzüge", Band 5, erzählt Otto Eduard Schmidt (1855–1945), Gymnasiallehrer und zuletzt Rektor des Freiberger Gymnasiums, u. a. von einem Silvestergottesdienst um das Jahr 1900 in Altenberg im Osterzgebirge. Schmidt besaß im nahe bei Altenberg gelegenen Hirschsprung, das seit 1965 Ortsteil von Altenberg ist, ein Häuschen.

Etwa um 4 Uhr nachmittags begann der Aufstieg zum Gottesdienst nach Altenberg. Das war wegen der Windsbraut, die dort über den Höhen toste, keine Kleinigkeit. Hohe Stiefel, Bergstock und Laterne waren unerläßlich. Jeder und jede waren bis zur Unkenntlichkeit vermummt. Nur langsam kam die Marschkolonne durch die tiefen Schneewehen vorwärts. Den Beschluß machte ein von den Jüngsten gezogener Handschlitten mit gut verpackten heißen Ziegelsteinen, die die damals noch fehlende Heizung der Kirche ersetzten. Mit glühenden Gesichtern standen wir schließlich vor der erleuchteten Kirche. Drinnen strahlten rechts und links vom Altar die großen Christbäume. Wie feierlich klang da das Silvesterlied der enggedrängten Gemeinde, wie andächtig lauschte jeder dem Prediger, der Vergangenheit, Gegenwart und Zukunft an dieser Zeitenwende unter Gottes Wort stellte und ineinander verwob. Ganz eigenartig war der Schluß der Feier. Während die Gemeinde das Gotteshaus verließ, sich draußen noch einmal sammelte, schmetterten die Chorjungen hoch vom Turm das alte Schneeberger Bergmannslied in die Nacht hinaus: „Glückauf! Der Bergfürst ist erschienen, das große Licht der Welt! Er heißet Rat, Kraft, Held, auf, eilt, ihn zu bedienen, auf, Knappschaft, kommt zu Hauf!" Dann zog unsere kleine Schar, wieder sorgsam vermummt, in die Tiefe des heimatlichen Tals. Und bald erglänzten die hellen Tupfen der Christbaumlichter aus dem ersten Fenster. Mit Behagen streckte man die auftauenden Füße unter den warmen Herdsitz des gastlichen Hauses, das in diesem Jahr die Silvesterbewirtung lieferte. Wie schmeckten da der Heringssalat und der Silvesterpunsch! Um Mitternacht öffnete man einen Augenblick die Fenster und erlauschte bei günstigem Wind eine überirdisch dünne Klangwelle der Neujahrsglocken von Schellerhau. Der gemeinsam gesungene Choral „Nun danket alle Gott!" beschloß die ernste Stunde, die uns alle wieder einander um so viel nähergebracht hatte ...

Unvergeßlich geblieben ist mir eine selbst erlebte andere Silvestergeschichte.

Es ist in manchen erzgebirgischen Gemeinden Brauch, daß am Silvesterabend sogenannte Jahresschlußgottesdienste veranstaltet werden, beginnend etwa eine Stunde vor, endend kurz nach Mitternacht. In früheren Jahren waren diese Gottesdienste zuweilen auch Zeugnisabende. Jeder, der nur wollte, hatte Gelegenheit, eine persönliche Erfahrung – Zeugnis vom Führen und Walten Gottes in seinem Leben im verflossenen Jahr – weiterzugeben. Es geschah aus Dankbarkeit, zum Preis des Namens Gottes und war zudem gedacht als Glaubensstärkung für die andern. Es war nicht jedermanns Sache, vor die versammelte Gemeinde hinzutreten und vor ihr zu sprechen. Manchen war es aber doch gegeben. Was mit sich brachte, daß es alle Jahre etwa dieselben waren, die nach vorn gingen und das Wort ergriffen. Vielleicht sind auch deswegen diese Zeugnisse mit der Zeit weggefallen. Als sie noch üblich waren, gehörte zu denen in meiner damaligen Gemeinde, die ein Zeugnis ablegten, auch der alte Vater Roßner. Ich nenne ihn hier so, in Wirklichkeit hieß er anders. Er wußte immer etwas zu sagen und immer auch etwas Gutes, das wahrhaftig Ermutigung zu fröhlichem Glauben und Gottvertrauen war. Eins war allen seinen Zeugnissen eigen, und die Gemeinde wußte, daß es seiner Rede nicht fehlen würde, wartete geradezu darauf, nicht wenige, es konnte nicht anders sein, mit einem heimlichen Lächeln. Vater Roßner schloß seine kurzen Ansprachen, wovon auch immer sie handeln mochten, alle Jahre mit dem Liedvers: „Reicher kann ich nirgends werden, als ich schon in Jesus bin. Alle Schätze dieser Erden sind nur Trug und Scheingewinn." Man kannte Vater Roßner, wußte, daß er es so meinte, wie er es sagte. Er war Witwer, hatte im Verlauf seines langen Lebens dreimal die Frau verloren, aber trotz aller Schicksalsschläge nicht seinen Glauben. Sein „Reicher kann ich nirgends werden" wurde ihm von allen abgenommen, wenn auch, ich sagte es schon, der steten Wiederholung dieses Versleins wegen, mit schmunzelnder Zustimmung.

Eines Jahres wurde Vater Roßner kurz vor dem Weihnachtsfest von einem neuen Schicksalsschlag heimgesucht, dem wohl schwersten seines Lebens. Eine seiner Töchter, Mutter dreier noch unmündiger Kinder, starb plötzlich. Unerklärlich und eine große Betrübnis für die mitleidende Gemeinde. Im Zeugnisgottesdienst am Silvesterabend ging wie alle Jahre – zum Erstaunen aller und Erschrecken nicht weniger – auch Vater Roßner nach vorn und sprach wie immer die Gemeinde an. Es war zu merken, wie schwer ihm das Reden wurde, daß er nach Worten suchte, den richtigen für diese Stunde nach dem, was ihm widerfahren war. Was er sagte, war wahrhaftig ein Zeugnis. Mancher mag unwillkürlich an die christliche Urgemeinde gedacht haben, wie die Apostel „mit großer Kraft Zeugnis von der Auferstehung des Herrn Jesus" gegeben haben, wie Apostelgeschichte, Kapitel 4, geschrieben steht; denn Vater Roßner sprach von der in der Schrift bezeugten „Hoffnung auf Leben", nicht von dem ihm widerfahrenen Leid. Das „Dennoch", das er dem Geschehenen entgegensetzte, war unüberhörbar. Es war kein leichtfertiges Hinweggehen über nur allzu menschliche Traurigkeit. Es war ein Bezeugen des Grundes, auf dem er stand, fest genug, zu tragen auch in Leid und Schmerz. Niemand erwartete, daß Vater Roßner sein Silvesterzeugnis auch diesmal mit seinem Sprüchlein beschließen würde. Aber er tat es doch. Er blieb dabei: „Reicher kann ich nirgends werden, als ich schon in Jesus bin ..." Diesmal lächelte niemand. Sichtbar nicht, und ich glaube, auch nicht im verstohlenen. Deutlich, wie wohl kaum zuvor, begriffen alle – manch einer hat es danach auch ausgesprochen –, welch unermeßlicher Reichtum, beständig auch im finstern Tal des Leides, hinausweisend über Raum und Zeit, im Glauben an Jesus Christus gegeben ist, ein Reichtum, dem gegenüber „alle Schätze dieser Erden" wahrhaftig nur „Trug und Scheingewinn" sind. Was auch an jenem Abend gepredigt, geredet, gesungen wurde – die zutiefst in die Herzen gehende und in vielen nachhallende Predigt hat uns Vater Roßner mit seinem Zeugnis gehalten.

Es war Vater Roßner geschenkt, im Glauben zu beharren bis an sein Ende. Er ist im Frieden Gottes heimgegangen in die wunderweite Welt des „Reichtums seiner Gnade" (Eph 1, 7), den Gott „bereitet hat denen, die ihn lieben" (1 Kor 2, 9). Worauf anders kann Glaube, wie Vater Roßner ihn bezeugt hat, sich gründen als auf das, was geschrieben steht?!

De heilign drei König'

Epiphanienverse im Stil alter Bettelgedichte aus der Zeit einstiger erzgebirgischer Dorfarmut

De heilign drei König' sei mir.
Mir stiehe do vür eirer Tür
un wolln eich e Varschel vürtrogn:
Daß Weihnachten is, wolln mir sogn.

Ich mit dan lange Haar,
ich bie der Balthasar!
Un ich vermald' gar schie,
daß ich der Kaspar bie!
Un do, do saht ihr mich:
Der Melchior bie ich!

Mir trogn vür uns har do dan Stern.
De Leit, die uns sah', hobn uns gern.
Se tue uns alle, könnt's glaabn,
e mannichsmol aah ewos gabn!

Ich mit dan lange Haar ...

Drüm seid nu aah ihr mit uns heit
barmherzig un gütig, ihr Leit!
Mir hobn e klaa Sackel derbei,
do is es, nu tut ewos nei!

Ich mit dan lange Haar . . .

Einer für alle
Eine heitere Drei-Königs-Geschichte

Sie hießen Martin, Michael und Konrad, drei Jungen aus dem Pochwerkmühlengäßchen, einer der Seitenstraßen in der kleinen Stadt, wo sie zu Hause waren. Jeder behauptete von seinem Elternhaus, daß dort einmal das alte Pochwerk aus der Bergmannszeit gestanden habe, das der Gasse den Namen gegeben hatte. Kleiner kindlicher Zankapfel – oder auch kindischer, wie man es nennen will –, der ihrer Freundschaft keinen Abbruch tat. Später, als sie größer waren, erfuhren sie, daß jenes Pochwerk überhaupt nicht in ihrem Gäßchen gestanden, sondern die Straße nur zu dem viel weiter davon entfernten Pochwerk hingeführt habe. Da amüsierten sie sich darüber, daß sie einmal so närrisch darauf versessen gewesen waren, daß jeder wollte, was sie alle drei wollten. Einmal aber ist einer von ihnen, Michael war es, „alle drei" wirklich gewesen. Das mag seltsam klingen, aber es ist die Wahrheit. Und darüber lachten sie ihr Leben lang und noch viel mehr als über die Pochwerkmühlengäßchengeschichte.

Alle Jahre zur Weihnachtszeit vertauschten die drei ihre so schönen Namen mit den heutzutage gar nicht mehr geläufigen der legendären Könige Balthasar, Kaspar und Melchior. So sollen der Kunde nach – aber wo steht's schon geschrieben? – die Weisen aus dem Morgenlande geheißen haben, die nach Bethlehem kamen, das Jesuskind anzubeten und es mit Gold, Weihrauch und Myrrhe zu beschenken. Matthäus, Kapitel 2, kann man es nachlesen. Das mit den Geschenken – nicht die Namen! Jahrhunderte später, eben auch, als Martin, Michael und Konrad Kinder waren, war es genau umgekehrt. Da gingen die Kinder, als die Heiligen Drei Könige verkleidet, in die Häuser, um eine Gabe zu *bekommen.* „Drei-Königs-Schar" nannten sie sich. Jeder sagte ein Verslein auf. Man brauchte da nur die Großmutter, den Großvater zu fragen. Die hatten aus ihrer Kindheit etliche davon parat. Es war eine von alters her überkommene Sitte, das mit den „Königen" und dem Von-Haus-zu-Haus-Gehen. Niemand sah etwas Ungebührliches darin, und keinem wäre eingefallen, dabei etwa an Bettelei zu denken. Man freute sich geradezu darauf, daß die kleinen Herren anmarschiert kamen, und es wäre so gut wie eine Beleidigung gewesen, wenn sie ein Haus gemieden hätten.

Wieder einmal war das Weihnachtsfest vorbei, und Martin, Michael und Konrad bereiteten sich auf ihren „Epiphaniasumgang" vor. Am Hohneujahrstag war es soweit damit. Aber da passierte etwas, was im Winter, wenn es draußen kalt ist, der Wind durch die Straßen und Gassen pfeift, manchmal passiert. Erst war es Martin, der sich so erkältete, daß er kaum einen Ton herausbrachte und sein gut gelerntes Verslein nicht hätte ansagen können. Und dann wurde auch Konrad krank und legte sich mit Fieber ins Bett. Aus war es mit den Heiligen Drei Königen! „Was machen wir nun?" jammerten alle drei.

Konrad, der aus dicken wollenen Schals herausguckte, kam auf den absurden Gedanken – es war wahrhaftig einer – und sagte, zu Michael gewendet: „Da machst du das eben allein!" Allein? Das wollte Michael erst nicht in den Kopf. Aber dann sah er doch ein, wenn nicht alles, das Lernen, das Sich-darauf-Vorbereiten, umsonst gewesen sein sollte – und außerdem, mit leeren Händen kam man von so was ja auch nicht nach Hause –, daß er wohl doch allein würde gehen und zusehen müssen, wie er die Sache hinbekam. Er hat sie hinbekommen.

Die Leute staunten nicht wenig – so etwas hatte es im Städtchen noch nicht gegeben –, als sie einen einzelnen vor ihrer Tür stehen sahen und der, wie es die Textrolle vorschrieb, mit den Worten begann: „Wir sind die Heiligen Drei Könige ..." Was hätte er auch daran ändern sollen! „Ich bin die Heiligen Drei Könige" konnte er ebensowenig sagen wie etwa „Ich bin der heilige eine König". Aber nach der etwas schwierigen Einleitung ging es dann doch recht passabel weiter. Denn erst sprach Michael den König Balthasar, dann den König Kaspar und zuletzt den König Melchior. Dessen Verse konnte er am besten; denn das war er selbst. Aber auch mit den anderen kam er gut über die Strecke. Nur als Schwarzer konnte er nicht auftreten. Da hätte er sich fortwährend Ruß ins Gesicht und wieder aus dem Gesicht wischen müssen. Natürlich mußte er erzählen, wie alles zusammenhing. Die Sache fand so, wie sie ablief, großes Gefallen – ich sagte es ja schon: das hatte es noch nicht gegeben – und zahlte sich in klingender Münze aus. Weit besser, warum sollte es nicht gesagt werden, als wenn sie zu dritt aufgetreten wären.

Wenn die Freunde später von dieser Geschichte sprachen, pflegte Michael gern hinzuzufügen: „Einmal bin ich der ‚heilige eine König' gewesen, und ich möchte es sein und bleiben bis an meines Lebens Ende." Er meinte seinen Glauben und seine Hoffnung damit und sagte auch das: „Dann werde ich ihn schauen und anbeten, ihn, der allein der wahrhaft ‚heilige eine König' ist!"

Licht brachte es an den Tag

Licht kann manches an den Tag bringen. Es ist einfach seine, des Lichtes, Eigenart, daß es Dunkles erhellt und durchleuchtet. In einem Dorf im Erzgebirge ging das einmal auf etwas seltsame Weise vor sich.

Es war und ist vielleicht auch heute noch Sitte dort, daß die Leute in der Advents- und Weihnachtszeit Lichter in die Fenster stellen und hinausleuchten lassen: Lichter auf allen möglichen Lichtträgern, wie hölzernen Bergmännern und Engeln, kleinen Leuchtern, Schwibbögen, auf Holzleisten befestigt und was so denkbar ist. Hoch über dem Dorf zieht sich die Bahnlinie hin. Sie beschreibt einen weiten Bogen um das Dorf. Wenn man abends oder nachts mit dem Zug an dem Dorf vorbeifährt, kann man eine geraume Zeit lang aus den Häusern drunten strahlende Lichterpracht herausscheinen sehen. „Ein so richtiges Weihnachtsdorf!" sagen zuweilen die Leute. Weihnachten – das waren in dieser Ortschaft nicht nur die paar Tage um das eigentliche Christfest. Das waren die Wochen der Adventszeit und die Wochen nach Weihnachten bis Lichtmeß, das ist Anfang Februar. Dann erloschen die Lichter in den Fenstern, einmal muß man sich ja auch von Weihnachten trennen, und es war im Dorf, wie es abends und nachts immer war und überall ist.

Als in jenem Dorf das dort derart lange währende Weihnachten wieder einmal vorbei war, endgültig, weil es bereits auf den Fasching und die Passionszeit zuging, da bemerkte man, daß in einem kleinen Häuschen ein wenig abseits vom Dorf an einem Berghang noch immer die Weihnachtslichter in den Fenstern brannten. Kleine elektrische Birnen, auf ein Brett gezogen, wie sich dann herausstellte, deren Licht nicht niederbrennen konnte. Es war das Haus der alten und, wie viele von ihr sagten, „etwas wunderlichen“ Schmied-Selma. Das war nicht ihr wirklicher Name. Man nannte sie so, weil ihr Mann Schmied und der Schmied-Gustav gewesen war. Aber der Schmied-Gustav war schon lange tot. Kinder hatten die beiden nicht gehabt.

Die Selma lebte allein in dem kleinen Haus am Berg, besorgte rüstig und munter ihre Wege, war fromm und gottesfürchtig und fröhlich, machte kein Hehl daraus, daß ihr nicht immer „ganz wohl“ war: allein in ihrem Häuschen und etwas abseits von den anderen. Sie sagte es ihrer Ehrlichkeit wegen. Und auch das, aus ebendiesem Grunde, daß sie es dennoch mit dem Wort halte: „Ich steh' in meines Herren Hand!“ Das war aus einem Gesangbuchlied, und es war eins der Lieblingslieder der Schmied-Selma. Auf das Konto ihrer „Wunderlichkeit“ schrieb man es, daß in Selmas Fenstern auch nach Lichtmeß die Lichter noch brannten. „Ja, die Selma!“ sagten die Leute und lachten und meinten damit dies und das, wohl auch, daß es eigentlich unverantwortlich sei, derart „verschwenderisch“ mit kostbarer Energie umzugehen.

Schließlich besannen sich einige darauf, da nach Tagen die Lichter in Selmas Fenstern noch immer nicht verlöschten, daß sie die Schmied-Selma eigentlich lange nicht gesehen hätten. Merkwürdig das! „Wo sie doch bald jeden Tag einmal im Dorf war!“ fiel es ein paar andern ein. Und noch einem: „Und im Silvestergottesdienst habe ich sie auch nicht gesehen! Gibt es das, die Selma ... Wo die doch sonst immer dabei ist!?“ Man war sich einig: Das gab es nicht, das paßte nicht zur Selma!

„Sie wird doch nicht krank sein?“ gab jemand zu bedenken.

„Die Selma und krank?!“ erwiderte eins. „Wenn jedes von uns so beisammen wäre wie die!“

So gab man sich vorerst zufrieden. Komisch war das schon mit den Lichtern in Schmied-Selmas Haus am Dorfberg. Aber man hatte schließlich noch andre Probleme als dieses. Einmal würde es schon vorbei sein damit. Aber es war nicht so. Ein Tag um den andern verging, und die Lichter in Selmas Häuschen verlöschten nicht.

„Da stimmt etwas nicht!“ fingen schließlich die Leute wieder an zu reden. Und so machten sich dann ein paar auf, nach der Schmied-Selma zu sehen. Als sie droben am Berghang waren, fanden sie dort die Haustür verschlossen, und als sie daran pochten, öffnete niemand. Da ahnten sie, daß etwas passiert sein mußte. Sie holten den Schlosser und den Bürgermeister; denn einen Hausfriedensbruch mochten sie nicht begehen. Dann sahen sie, was geschehen war: Die Schmied-Selma lag tot in ihrem Bett. Nun wurde auch der Arzt herbeigerufen. Der stellte fest, daß der Tod schon vor einer Reihe von Tagen eingetreten war. Er nannte ein mutmaßliches Datum. Darauf sagte einer: „Nicht lange nach Lichtmeß also!"

In Gedanken verloren gingen die Leute auseinander. Kaum, daß einer ein Wort sprach. Nachdenklich wurden sie alle im Dorf, als die Geschichte sich herumgesprochen hatte, und das brauchte keine lange Zeit. Das Licht in den Fenstern der Selma hatte es an den Tag gebracht, daß dort „etwas nicht stimmte". Bis es einer aussprach: „Aber auch bei uns hat etwas ‚nicht gestimmt'! Niemand hat sich um sie gekümmert. Wir alle haben sie allein gelassen. Eine alte Frau. Allein in ihrem Haus!"

Jemand wollte einwerfen: „Aber sie hätte doch . . ."

Die andern winkten ab, und einer sagte: „Was denn ‚hätte'?!" Da sagte keiner mehr etwas. Was hätten sie auch noch reden sollen?

Einmal ist alles vorüber

Einmal ist alles vorüber,
was schön war und glücklich gemacht:
Advent und Bescherung,
die Heilige Nacht.

Bleiben jedoch soll die Freude,
die uns diese Tage gebracht
im Kind in der Krippe
zur Heiligen Nacht,

bleiben der Wille, die Liebe
zu leben, mit der wir bedacht
im Wunder der Liebe
in Heiliger Nacht.

Inhalt

Ich aber, Herr, hoffe auf dich und spreche:
Du bist mein Gott! Meine Zeit steht in deinen Händen. Psalm 31, 15–16

Als Quellen zur Geschichte und zu den Weihnachtsbräuchen im Erzgebirge verwendete Literatur:

Ernst John, „Aberglaube, Sitte und Brauch im Erzgebirge", Annaberg 1909
Otto Eduard Schmidt, „Sachsenland", Leipzig 1925
Dr. Siegfried Sieber, „Das Erzgebirge", Dresden 1938
Dr. Siegfried Sieber, „Der Weihnachtsbaum im Erzgebirge", in „Glückauf", Dezember 1957
Calwer Kirchenlexikon, 1937 und 1941
Karl Joseph Friedrich, „Christliche Zeugen", Berlin 1963
Dietrich Mendt, „Fünf Minuten Kirchenkunde", Berlin 1966